ATITUDE MENTAL POSITIVA

NAPOLEON HILL

COAUTOR W. CLEMENT STONE

DIAMANTE DE BOLSO

Título original: *Success through a Positive Mental Attitude*

Atitude Mental Positiva - Versão de bolso
9ª edição: Maio 2025

O conteúdo desta obra é de total responsabilidade dos autores e não refl ete necessariamente a opinião da editora.

Autor:
Napoleon Hill

Coautor:
W. Clement Stone

Tradução e edição:
Lúcia Brito

Revisão:
3GB Consulting

Projeto gráfico:
Dharana Rivas

Impressão:
Plena Print

DADOS INTERNACIONAIS DE CATALOGAÇÃO NA PUBLICAÇÃO (CIP)

H647a Hill, Napoleon.
Atitude mental positiva / Napoleon Hill. – Porto Alegre: CDG, 2019.
ISBN: 978-65-5047-013-5.
1. Desenvolvimento pessoal. 2. Motivação. 3. Sucesso pessoal. 4. Autoajuda. I. Stone, W. Clement. II. Título.
CDD - 131.3

Produção editorial e distribuição:

CITADEL Grupo Editorial
contato@citadel.com.br
www.citadel.com.br

Diamante de Bolso

A coleção Diamante de Bolso apresenta os clássicos de Napoleon Hill em versão concisa. Os títulos do catálogo da Citadel Editora foram cuidadosamente lapidados para oferecer facetas cintilantes da obra original.

Este diamante é uma pequena gema para estimular a leitura do livro na íntegra. Uma joia para acompanhar o leitor no dia a dia, como lembrete ou fonte de inspiração.

Aproveite!

SUMÁRIO

Introdução 7

1. Conheça a pessoa mais importante do mundo 9

2. Mude o seu mundo 15

3. Limpe as teias de aranha do seu pensamento 25

4. Você ousará explorar os poderes da sua mente? 33

5. ... E algo mais 37

6. Você tem um problema? Isso é bom! 41

7. Aprenda a ver 47

8. O segredo de fazer as coisas 51

9. Como motivar a si mesmo 55

10. Como motivar os outros 63

11. Existe um atalho para a riqueza? 69

12. Atrair – não repelir – a riqueza 71

13. Se não tem dinheiro, use DOP 77

14. Como encontrar satisfação no trabalho 83

15. Sua sublime obsessão 89

16. Como aumentar seu nível de energia 97

17. Desfrute de boa saúde e viva mais 103

18. Você consegue atrair felicidade? 107

19. Livre-se desse sentimento de culpa 115

20. É hora de testar seu quociente de sucesso 121

21. Acorde o gigante adormecido dentro de você 135

INTRODUÇÃO

O maior segredo do sucesso é: ele não tem segredo. A fórmula para o sucesso é claramente enunciada nas páginas a seguir. Você vai descobrir algo maravilhoso como resultado desta leitura – se você estiver pronto. Vai alcançar saúde física, mental e moral, felicidade, riqueza ou qualquer outro objetivo digno que não viole as leis de Deus ou os direitos de seus semelhantes.

Este livro se fundamenta nos princípios básicos da filosofia enunciada por Napoleon Hill em *O manuscrito original* (lançado no Brasil pela Citadel Editora na versão integral e na coleção Diamante de Bolso) e diz especificamente como usar a máquina mais magnífica já concebida – o cérebro e sistema nervoso humanos.

Atitude Mental Positiva instrui sobre exatamente o que fazer e como fazer a fim de explorar os poderes de sua mente subconsciente e colocá-los a trabalhar para você.

Leia como se nós, os autores, fôssemos seus amigos e estivéssemos escrevendo somente para você. Sublinhe frases, citações e palavras que lhe sejam significativas. Memorize automotivadores. Tenha sempre em mente que o objetivo deste livro é motivá-lo à ação.

Você pode converter pensamento criativo, talento artístico, conhecimento, personalidade e energia física em sucesso, riqueza e felicidade. Este livro explica como e, se você deixar, irá motivá-lo a tentar.

Procure a mensagem que se aplique a você. Quando reconhecê-la, preste atenção! Entre em ação! Para direcionar sua mente aos canais desejados, tente responder a cada pergunta no final de cada capítulo durante seu tempo de pensamento e planejamento.

– W. CLEMENT STONE

CAPÍTULO 1

CONHEÇA A PESSOA MAIS IMPORTANTE DO MUNDO

Conheça a pessoa mais importante do mundo. Quando encontrá-la, você vai descobrir seu segredo. Vai descobrir que ela carrega consigo um talismã invisível com as iniciais AMP gravadas de um lado e AMN do outro.

Esse talismã tem dois poderes: atrair riqueza, sucesso, felicidade e saúde e repelir essas coisas. AMP permite a alguns homens subirem ao topo e lá permanecerem. AMN mantém outros por baixo a vida inteira e também puxa alguns daqueles que chegam ao topo.

A menos que seu objetivo seja contra as leis de Deus ou da sociedade, você pode alcançá-lo. Você tem tudo a ganhar e nada a perder tentando. O que você tenta alcançar cabe a você. A escolha é sua.

Não importa o significado de sucesso para você, o talismã com as iniciais AMP e AMN pode ajudá-lo a alcançá-lo. Você atrai o que é bom e desejável com AMP. Você repele com AMN.

Quando Henley escreveu "Sou o mestre do meu destino, sou o capitão da minha alma", poderia ter informado que somos mestres do nosso destino porque somos mestres de nossas atitudes. Nossas atitudes moldam nosso futuro. Essa é uma lei universal, funciona sejam as atitudes destrutivas, sejam construtivas. Traduzimos pensamentos de pobreza em realidade tão rapidamente quanto pensamentos de riqueza.

Precisamos ter cuidado quando usamos o talismã. O lado de AMP pode trazer todas as ricas bênçãos da vida. Pode ajudá-lo a superar suas dificuldades e descobrir seus pontos fortes. O lado de AMN é igualmente poderoso. Em vez de atrair felicidade e sucesso, pode atrair desespero e derrota.

Algumas pessoas parecem usar AMP instintivamente. Outras têm que aprender. Algumas pessoas parecem usar AMP praticamente o tempo todo. Outras começam e então desistem. Mas a vasta maioria nunca realmente começa a usar esse tremendo poder.

O dia em que você reconhecer AMP por si será o dia em que conhecerá a pessoa mais importante do mundo. Quem é ela? Ora essa, a pessoa mais importante do mundo é você, no que diz respeito a sua vida.

E que é esse talismã invisível? É sua mente. AMP é Atitude Mental Positiva. AMN é Atitude Mental Negativa. Atitude Mental Positiva é o princípio essencial dos dezessete princípios para alcançar o sucesso. A realização é conseguida por meio de alguma combinação de AMP com um ou mais dos outros dezesseis princípios do sucesso.

PILOTO Nº 1

PENSAMENTOS PELOS QUAIS SE GUIAR

- Conheça a pessoa mais importante do mundo. Essa pessoa é você.
- Sua mente é seu talismã invisível. As letras AMP (Atitude Mental Positiva) estão gravadas de um lado, e AMN (atitude mental negativa), do outro. AMP é a atitude mental correta para cada ocasião. Como você pode desenvolver a atitude mental correta? Seja específico.
- Você pode desenvolver um desejo ardente de ter sucesso. Como? Mantenha sua mente nas coisas que você quer e longe das coisas que não quer. Como?
- Peça orientação divina. Busque a luz. Você acredita que seja apropriado pedir orientação divina?
- Cada adversidade traz em si a semente de um benefício equivalente ou maior para aqueles que têm

AMP. Às vezes o que parece adversidade se revela uma oportunidade disfarçada. Você vai dedicar tempo para determinar como transformar adversidades em sementes de benefícios?

- Nunca subestime o poder repelente de uma atitude mental negativa. Ele pode impedir que lances de sorte o beneficiem. Como você pode desenvolver o hábito de AMP?
- Você pode lucrar com a decepção – se ela for transformada em insatisfação inspiradora com AMP. Converta o fracasso de um dia no sucesso do outro. Como você acha que pode desenvolver uma insatisfação inspiradora?
- Traga para a realidade a possibilidade do improvável com AMP. Você tem coragem para mirar alto e esforçar-se diariamente para manter sua meta diante de você?
- Quando uma circunstância desfavorável surgir,

provocando perda ou derrota, aja com base no automotivador: o sucesso é atingido por quem tenta e mantido por quem continua tentando com AMP.

PRINCÍPIOS UNIVERSAIS EM FORMATO AUTOMOTIVADOR

- A mente não reconhece diferença entre realidade e imaginação e trata de realizar o que pensamos.
- Cada adversidade traz em si a semente de um benefício equivalente ou maior.
- A grandeza vem para quem desenvolve um desejo ardente de atingir metas elevadas.
- O sucesso é atingido e mantido por quem tenta e continua tentando com AMP.
- Para se tornar um realizador perito em qualquer atividade humana, é preciso prática, prática, prática.
- O maior poder do homem reside no poder da prece.

CAPÍTULO 2

MUDE O SEU MUNDO

Agora sabemos que AMP é Atitude Mental Positiva. Também sabemos que Atitude Mental Positiva é um dos dezessete princípios do sucesso.

Quando você começa a aplicar alguma combinação dos outros dezesseis princípios com AMP na ocupação de sua escolha ou na solução de problemas pessoais, está no caminho certo e na direção certa para conseguir o que quer.

AMP é o catalisador que faz funcionar qualquer combinação de princípios do sucesso para atingir uma finalidade que valha a pena.

OS 17 PRINCÍPIOS DO SUCESSO

- Atitude Mental Positiva
- Objetivo definido
- Esforço extra
- Pensamento exato
- Autodisciplina
- MasterMind
- Fé aplicada
- Personalidade agradável
- Iniciativa pessoal
- Entusiasmo
- Atenção controlada
- Trabalho em equipe
- Aprender com a derrota
- Visão criativa
- Orçamento de tempo e dinheiro

- Boa saúde física e mental
- Força cósmica do hábito

Esses dezessete princípios do sucesso não são criação dos autores. Foram extraídos das experiências de vida de centenas de pessoas bem-sucedidas.

Analise-se corajosamente, agora, e veja quais dos dezessete princípios você tem utilizado e quais tem negligenciado. No futuro, analise seus sucessos e fracassos à luz dos dezessete princípios e muito em breve será capaz de apontar o que tem travado você.

Se você tem AMP e não obtém sucesso, o que há? Pode ser que não esteja usando a combinação de princípios necessários para atingir seu objetivo específico.

Por que você não teve o sucesso que gostaria de ter? "Nunca tive chance de ir em frente", "meu pai era alcoolista", "fui criado numa favela", "só fiz o ensino primário". Todas essas respostas dizem, em essência, que o mundo foi injusto. As pessoas culpam o mundo e as circunstâncias externas por seus fracassos. Culpam a hereditariedade ou o ambiente. Começam com uma atitude mental negativa. É AMN que as segura, não a deficiência externa oferecida como causa do fracasso.

Se você está insatisfeito com seu mundo e quer mudá-lo, o lugar para começar é você mesmo. Se você estiver certo, seu mundo estará certo. AMP tem tudo a ver com isso. Quando você tem uma Atitude Mental Positiva, os problemas de seu mundo tendem a curvar-se diante de você.

Você é uma pessoa muito especial. E muitas lutas precisaram ser vencidas para você existir. Pense só: dezenas de milhões de espermatozoides participaram de uma grande batalha, todavia, apenas um deles ganhou – o que o fez! Foi uma grande corrida para chegar a um único objeto: um precioso óvulo contendo um núcleo minúsculo. A cabeça do espermatozoide continha uma carga preciosa de 23 cromossomos, assim como havia 23 no núcleo minúsculo do óvulo. Cada cromossomo era composto de grânulos gelatinosos encordoados juntos. Cada grânulo continha centenas de genes aos quais se atribuem todos os fatores da hereditariedade.

Os cromossomos no espermatozoide compreendiam o material fornecido por seu pai e seus antepassados; aqueles no núcleo do óvulo continham os traços herdáveis de sua mãe e dos antepassados dela. Sua mãe e seu pai representam a culminação de mais de dois bilhões de anos de vitória na batalha pela sobrevivência. E então um espermatozoide particular – o mais rápido, o mais saudável, o vencedor – uniu-se ao óvulo à espera para formar uma pequena célula.

A vida da pessoa mais importante do mundo tinha começado. Você se tornara um campeão contra as probabilidades mais impressionantes que jamais terá de enfrentar. Para todos os efeitos práticos, você herdou do vasto reservatório do passado todas as habilidades e poderes potenciais de que precisa para alcançar seus objetivos.

Você nasceu para ser um campeão. Não importa quais obstáculos e dificuldades fiquem em seu caminho, eles não têm um décimo do tamanho dos que já foram vencidos no momento da sua concepção. A vitória está embutida em todas as pessoas vivas.

Identificar-se com uma imagem de sucesso pode ajudar a quebrar os hábitos de dúvida a respeito de si mesmo e a derrotar aquilo que anos de AMN configuraram em sua personalidade. Outra técnica para mudar seu mundo é identificar-se com uma imagem que o inspire a tomar as decisões certas. Pode ser um *slogan*, um quadro ou outro símbolo significativo para você.

Talvez você tenha uma foto no escritório, em casa ou na carteira que possa dar a resposta para uma questão importante em sua vida. Pode ser uma foto da sua mãe, seu pai, sua esposa, seu marido, de um santo. O que a foto lhe diria? Há uma maneira de descobrir. Quando se deparar com um problema sério ou decisão, pergunte à sua foto. Ouça a resposta.

Outro ingrediente essencial para mudar seu mundo é ter um objetivo definido, um dos dezessete princípios do sucesso. Objetivo definido, combinado com AMP, é o ponto de partida de toda realização que vale a pena. Lembre-se: seu mundo vai mudar, quer você queira, quer não. Mas você pode escolher a direção. Pode selecionar o próprio destino. Pergunte a si mesmo: qual é o meu objetivo? O que eu realmente quero?

Estabelecer metas pode não ser fácil, pode até envolver um autoexame doloroso. Mas, assim que o fizer, você pode desfrutar das seguintes vantagens:

- Sua mente subconsciente começa a trabalhar sob uma lei universal: "O que a mente do homem pode conceber e acreditar, a mente do homem pode alcançar com AMP". Você visualiza seu destino, e o subconsciente começa a trabalhar para chegar lá.
- Como você sabe o que quer, tende a tomar o caminho e a direção certos. Você entra em ação.

- Trabalhar torna-se divertido. Quanto mais pensa nas metas, mais entusiasmado você fica. O desejo se transforma em desejo ardente.
- Você fica alerta às oportunidades que ajudarão a atingir seus objetivos à medida que se apresentem nas experiências cotidianas.

A vida nunca nos deixa encalhados. Se nos dá um problema, nos dá também as habilidades para enfrentá-lo. Nossas habilidades variam, é claro, conforme nossa motivação para usá-las.

Qual é, então, a fórmula que pode ajudar a mudar o seu mundo? Memorize, entenda e repita frequentemente durante todo o dia: o que a mente do homem pode conceber e acreditar, a mente do homem pode alcançar com AMP. É uma forma de autossugestão. É um automotivador para o sucesso.

Você culpou o mundo por seu fracasso? Caso sim, reconsidere. O problema reside no mundo ou em você?

PILOTO Nº 2

PENSAMENTOS PELOS QUAIS SE GUIAR

- Você pode mudar seu mundo. Para conseguir qualquer coisa que valha a pena na vida, é necessário estabelecer metas e querer atingi-las. Você pensou nas metas elevadas que gostaria de atingir?
- Imprima os dezessete princípios indelevelmente em sua memória. Você os memorizou?
- Você tende a culpar o mundo? Se faz isso, memorize o automotivador: "Se o homem estiver certo, seu mundo estará certo". Seu mundo está certo?
- Você nasceu para ser um campeão. Você está disposto a pagar o preço para desenvolver suas habilidades e usar seus poderes interiores?
- Identifique-se com uma imagem de sucesso. Quem você vai escolher?

- Faça uma pergunta importante a si mesmo: o que sua foto lhe dirá? Escute a resposta.
- Um objetivo definido com AMP é o ponto de partida de toda realização que vale a pena. Você selecionou metas definidas desejáveis? Vai mantê-las em mente todos os dias?
- Quando você determina suas metas, há uma tendência de que vários princípios de sucesso adicionais comecem a operar automaticamente para ajudá-lo a atingi-las.
- Todos têm muitos talentos especiais para superar problemas. Que talentos especiais você pensa ter e pode desenvolver?
- Eis aqui uma fórmula que tem ajudado muitos a mudar seu mundo: o que a mente do homem pode conceber e acreditar, a mente do homem pode alcançar com AMP. Você decorou essa fórmula?

CAPÍTULO 3

LIMPE AS TEIAS DE ARANHA DO SEU PENSAMENTO

Você é o que você pensa. Mas o que você pensa? Quão organizado e direto é o seu processo de pensamento? E quão limpos são os seus pensamentos?

Existem algumas teias de aranha mentais que atravancam o pensamento de quase todas as pessoas, até mesmo das mais brilhantes. Sentimentos, emoções, paixões negativas – hábitos, crenças e preconceitos. Nossos pensamentos se enredam nessas teias.

Às vezes temos hábitos indesejáveis e queremos corrigi-los. E às vezes somos fortemente tentados para o mal. Nossa vontade consciente entra em conflito com nossa imaginação e com a vontade de nossa mente subconsciente. Quanto mais lutamos, mais aprisionados ficamos.

Algumas pessoas desistem e experimentam conflitos mentais infernais. Outras aprendem a usar os poderes do subconsciente. Estas são as vitoriosas.

Toda pessoa tem absoluto controle inerente sobre sobre sua atitude mental. Podemos evitar ou varrer as teias de aranha mentais. Podemos nos libertar quando enredados. E podemos permanecer livres. Você faz isso por meio de pensamento exato, um dos dezessete princípios do sucesso.

Para pensar com exatidão, você deve usar a razão. A ciência de raciocínio ou pensamento exato chama-se lógica. A ação baseada no bom senso é o resultado de mais do que razão apenas. Depende de hábitos de pensamento e ação, intuições, experiências e outras influências, tais como tendências e ambiente.

Uma das teias de aranha do pensamento é supor que agimos apenas pela razão, quando, na realidade, cada ato consciente é resultado de fazer o que queremos. Tomamos decisões. Ao raciocinarmos, há uma tendência para chegarmos a conclusões favoráveis sobre os fortes impulsos internos de nosso subconsciente.

Na verdade, emoção e razão devem estar em equilíbrio. Nenhuma das duas deve exercer o controle sempre. Às vezes é bom fazer o que você quer fazer em vez do que a razão teme.

Outra teia de aranha é sempre tentar provar aos outros que eles estão errados. Ver só o cisco no olho do próximo. Você os repele em vez de atrair. O que aconteceria se você dissesse a si mesmo "Quando me deparo com um problema que envolve um mal-entendido com outra pessoa, devo começar primeiro por mim"? Sua vida seria mais feliz?

Muitas outras teias de aranha interferem na felicidade. O maior obstáculo é a própria ferramenta do pensamento: as palavras. Palavras são símbolos. O símbolo de uma única palavra pode significar para você a soma total de uma combinação de inúmeras ideias, conceitos e experiências.

Descobrir o que uma palavra significa nos lábios de outra pessoa, ou até nos próprios lábios, é essencial no processo do pensamento exato. Como se faz isso? Simplesmente seja específico. Comece com uma convergência de ideias e muitos mal-entendidos desnecessários serão evitados. Você não pode se comunicar com outra pessoa sem entender exatamente o que ela quer dizer com as palavras que usa. A outra pessoa também precisa compreender a que você se refere.

Teias de aranha impedem o pensamento exato quando começamos com a premissa errada. Muita gente pensa erroneamente quando permite que certos símbolos todo-abrangentes atravanquem sua mente com falsas premissas. Palavras ou expressões como sempre, somente, nunca, nada, tudo, todos, ninguém, não pode, impossível, ou/ou com grande frequência são premissas falsas. Por consequência, as condições lógicas são falsas.

Existe uma palavra que, quando usada com AMP, motiva à realização honrosa. Quando usada com AMN, torna-se desculpa para mentiras, trapaça e fraude. Necessidade é a palavra. A necessidade é mãe da invenção e pai do crime.

Padrões invioláveis de integridade são fundamentais para toda realização que vale a pena e são parte integrante de AMP. A necessidade motiva um homem com AMP à ação sem transgredir padrões invioláveis reconhecidos. Um homem honesto não vai enganar, trapacear ou roubar por causa da necessidade. Honestidade é inerente à AMP.

Agora, compare uma pessoa honesta com as muitas milhares presas por roubo, desfalque e outros crimes. Quando você pergunta o primeiro motivo pelo qual roubaram, a resposta invariavelmente é: "Tive que...".

Tais pessoas se permitiram ser desonestas porque as teias de aranha no pensamento levaram-nas a acreditar que a necessidade obriga alguém a se tornar desonesto.

Você viu que existe uma variedade de teias de aranha – pequenas, grandes, fracas, fortes. Se fizer uma lista própria e examinar de perto os fios de cada teia de aranha, vai verificar que todos são fiados por AMN.

E, quando pensar sobre isso por um tempo, verá que a mais forte das teias de aranha tecidas por AMN é a da inércia. A inércia faz com que você não faça nada; ou, se você está se movendo na direção errada, impede-o de resistir ou parar. Você segue adiante.

Quando você toma decisões porque se recusa a manter uma mente aberta e aprender a verdade, isso é ignorância. A AMN se mantém viva e engorda com a ignorância. Elimine-a! O homem com AMP se esforça para manter a mente aberta e aprender. Baseia suas conclusões no que sabe e está preparado para mudá-las quando se tornar mais esclarecido.

Você se atreverá a limpar as teias de aranha de seu pensamento? Se a resposta for "sim", deixe o Piloto nº 3 guiá-lo.

PILOTO Nº 3

PENSAMENTOS PELOS QUAIS SE GUIAR

- Você é o que você pensa. Você é uma pessoa (1) boa, (2) má, (3) saudável, (4) enferma, (5) rica, (6) pobre? Se você é o que você pensa, seus pensamentos (1) são bons, (2) são maus, (3) são de boa saúde, (4) o deixam tão..., (5) são de riqueza, (6) são de pobreza?
- Você pode limpar as teias de aranha das paixões, emoções, sentimentos, tendências, preconceitos, crenças e hábitos negativos virando seu talismã invisível de AMN para AMP.
- Quando depara com um problema que envolve

um desentendimento com outras pessoas, você deve começar olhando para si.

- Uma palavra pode causar discussão, mal-entendido, gerar infelicidade e acabar em desgraça. Uma mesma palavra com AMP ou com AMN provoca efeitos opostos.
- Busque uma convergência de ideias.
- Quando argumentar por inferência, certifique-se de que suas premissas estão corretas.
- Palavras todo-abrangentes e restritivas (sempre, somente, nunca, nada, tudo, todos, ninguém, não pode, impossível) devem ser eliminadas como premissas de raciocínio até você ter certeza de que estão corretas.
- Necessidade é a palavra. A necessidade motiva-o a realizações elevadas por meio da honestidade e integridade pessoais ou motiva-o a tentar obter resultados por meio de fraude ou desonestidade?

CAPÍTULO 4

VOCÊ OUSARÁ EXPLORAR OS PODERES DA SUA MENTE?

Você é uma mente com um corpo. Atreva-se a explorar os poderes de sua mente! Quando você fizer as descobertas que estão à sua espera, elas podem trazer saúde física, mental e moral, felicidade e riqueza; sucesso no campo de empreendimento escolhido e um meio para relacionar, usar, controlar ou harmonizar poderes conhecidos e desconhecidos.

Sua mente, como seu corpo, tem partes. Uma é conhecida como consciente, e outra, como subconsciente. Elas estão em sincronia. Trabalham juntas.

Pela autossugestão, um indivíduo pode alimentar seu subconsciente com pensamentos de natureza criativa, ou, por negligência, permitir o acesso de pensamentos de natureza destrutiva. Qualquer pessoa, mesmo uma criança, pode ser ensinada a desenvolver uma Atitude Mental Positiva. O método é repetir afirmações positivas, tais como "Dia após dia, em todos os sentidos, pela graça de Deus, estou ficando cada vez melhor".

A autossugestão consciente pode ajudar a evitar doenças e trazer de volta a boa saúde por meio da autossugestão consciente. Também pode ser usada para adquirir riqueza ou qualquer outra coisa que se deseje.

Quando lê em voz alta, duas vezes ao dia, a declaração por escrito de seu desejo de dinheiro com emoção e atenção concentrada e se sente já na posse dele, você comunica o objeto de seu desejo para a mente subconsciente. Por meio da repetição desse procedimento, você cria hábitos de pensamento favoráveis a seus esforços para transformar o desejo em seu equivalente monetário. É da máxima importância ler em voz alta a declaração com emoção e sentimento fortes.

Sua capacidade de aplicar os princípios da autossugestão dependerá em grande medida da capacidade de se concentrar em cima de determinado desejo até que este se torne um desejo ardente. A pessoa deve ser específica quanto à quantidade de dinheiro que quer e definir uma data para estar de posse da quantia.

O que a mente do homem pode conceber e acreditar, a mente do homem pode alcançar com AMP!

PILOTO Nº 4

PENSAMENTOS PELOS QUAIS SE GUIAR

- Você é uma mente com um corpo.
- Sua mente tem duas partes: mente consciente e mente subconsciente. Elas trabalham juntas.

- Aprenda a empregar a autossugestão consciente correta. Quando fizer isso, você poderá ter saúde física, mental e moral, felicidade e sucesso.
- DIA APÓS DIA, EM TODOS OS ASPECTOS, ESTOU FICANDO CADA VEZ MELHOR. Autoafirmações repetidas com frequência, rapidez e emoção afetam a mente subconsciente e a fazem a reagir.
- Você pode usar sugestões saudáveis e positivas para ajudar a si mesmo. E também pode abster-se de sugestões negativas e prejudiciais.
- Você pode fazer se tiver AMP e acreditar que pode.
- Atreva-se a explorar os poderes de sua mente.

CAPÍTULO 5

... E ALGO MAIS

Você já tentou para valer e ainda assim falhou? Talvez fosse necessário "algo mais". O axioma de Euclides diz: "O todo é igual à soma de todas as partes e é maior do que qualquer de suas partes". É importante adicionar todas as partes necessárias para completar o todo.

Quando busca o sucesso com AMP, você continua tentando e pesquisando para encontrar algo mais. O fracasso é vivido por aqueles que, ao experimentar a derrota, param de tentar encontrar o algo mais.

Você pode fazer um milhão de dólares empregando uma fórmula de sucesso. Se perder seu dinheiro, pode fazer outro milhão e até mais desde que saiba a fórmula e a aplique. Suponha que você não tenha reconhecido a fórmula que o ajudou a fazer seu primeiro milhão. Você pode fracassar na segunda tentativa, pois se desvia dos princípios do sucesso.

Muitos inventores chegaram muito perto de fazer o avião antes dos irmãos Wright. A dupla usou os mesmos princípios utilizados pelos outros. Mas acrescentou algo mais bastante simples: *flaps* móveis nas extremidades das asas, de modo que o piloto pudesse controlá-los e manter o equilíbrio do avião.

Se você está no limiar do sucesso sem conseguir atravessá-lo, tente acrescentar algo mais. Não precisa ser muito. Não é necessariamente a quantidade de algo mais, mas a qualidade inspirada que conta.

Quando você receber um lampejo de inspiração, anote-o! Você deve criar o hábito de anotar lampejos de inspiração no instante em que são comunicados do subconsciente para o consciente.

É improvável que Einstein e outros cientistas chegassem a suas descobertas sem ter aprendido a partir do conhecimento registrado por matemáticos e cientistas que os precederam. Também é improvável que tentassem sem a motivação baseada no hábito de se engajar em períodos de pensamento e ação. E sem anotar as ideias que lhes ocorriam.

Outro método para buscar soluções é o *brainstorming*, no qual duas ou mais pessoas usam a imaginação coletiva. As ideias são anotadas tão logo ocorrem. Não é permitido julgamento crítico antes que muitas dessas ideias sejam anotadas. Mais tarde, são esquadrinhadas e julgadas para se determinar a praticidade e o valor.

Você pode exercitar o pensamento criativo sentando-se em busca de ideias, como fazia Elmer Gates. O cientista e inventor ia para uma sala à prova de som em seu laboratório, fechava a porta, sentava-se, apagava as luzes e aplicava o princípio do sucesso da atenção controlada, pedindo ao subconsciente uma resposta para o problema específico, fosse qual fosse. Em algumas ocasiões, as ideias pareciam não vir. Em outras, afluíam na mesma hora. Às vezes levavam até duas horas para aparecer. Tão logo começavam a se cristalizar, ele acendia as luzes e começava a escrever.

PILOTO Nº 5

PENSAMENTOS PELOS QUAIS SE GUIAR

- O todo é igual à soma de todas as partes e é maior do que qualquer de suas partes. A falta de alguma parte está impedindo seu sucesso?
- A pequena diferença entre sucesso e fracasso muitas vezes é algo mais. Como um *flap* de asa móvel.
- Use papel e lápis para anotar lampejos de inspiração.
- Qual a diferença entre *brainstorming* e sentar em busca de ideias? Qual o valor de cada técnica?
- Use o princípio do sucesso da atenção controlada.

CAPÍTULO 6

VOCÊ TEM UM PROBLEMA? ISSO É BOM!

Vitórias sobre os problemas são os degraus da escada do sucesso. A cada vitória você cresce em sabedoria e experiência.

Todo mundo tem problemas, pois tudo no universo está em constante mudança. O sucesso ou fracasso em enfrentar os desafios dependem de sua atitude mental. Com AMP você pode resolver de modo inteligente cada problema com que é confrontado. Ao encarar um desafio, por mais desconcertante que seja:

- Peça orientação divina para encontrar a solução.
- Dedique tempo para pensar na solução.
- Formule o problema. Analise-o e defina-o.
- Afirme com entusiasmo "Isso é bom!" e pergunte:
    - O que tem de bom nisso?
    - Como posso transformar essa adversidade em uma semente de benefício equivalente ou maior?
- Continue a procurar até encontrar pelo menos uma resposta com que possa trabalhar.

Os problemas que irão confrontá-lo serão, de modo geral, de dois tipos: pessoais (emocionais, financeiros, mentais, morais, físicos) ou profissionais.

Atitudes negativas muitas vezes são contagiosas, e maus hábitos são contagiosos. Que cada um de nós olhe para suas próprias associações e se certifique de mantê-las no mais alto nível possível.

Outra força com que cada ser humano tem de lidar é o poder do sexo. Sexo é uma função do corpo sob controle da mente consciente e subconsciente. O que transforma o poder do sexo em virtude ou vício é a atitude mental. Você tem o poder de escolher. Transmute sexo em virtude. Assim, triunfará sobre um dos maiores problemas que terá de enfrentar na vida pessoal e ficará física, mental e moralmente melhor.

Virtude é prática ou ação moral, excelência moral, retidão, valor, castidade. As sete virtudes são:

- Prudência – a capacidade de se autogovernar e autodisciplinar pelo exercício da razão.
- Fortaleza – força mental para confrontar o perigo e/ou suportar dor e adversidade com coragem. Os sinônimos são peito, brio, raça e tutano.
- Temperança – moderação no desfrute dos apetites e paixões.
- Justiça – o princípio ou ideal de tratamento justo ou ação correta; também a conformidade a esse princípio ou ideal; integridade.

- Fé – confiança em Deus.
- Esperança – o desejo com a expectativa de obter o que é desejado, ou crença de que seja obtenível.
- Caridade – o ato de amar todos os homens, benevolência e boa vontade em dar, compreensão dos outros com tolerância bondosa.

Como transmutar o poder do sexo em virtude? As sugestões a seguir podem ser úteis:

- Mantenha a mente no que você quer e longe do que não quer – enfoque objetivos imediatos, intermediários e distantes.
- Case por amor, além de instinto sexual.
- Leve uma vida equilibrada, regrada.
- Trabalhe por longas horas em um trabalho de amor. Isso irá mantê-lo atarefado, ocupará seus pensamentos e utilizará a energia excedente.
- Selecione o ambiente adequado a seus objetivos.

- Escolha e memorize automotivadores para ajudá-lo.

Muitas vezes, tudo de que se precisa para enfrentar um problema imediato é pensamento rápido, adaptabilidade e uma segunda olhada na situação. É preciso apenas uma ideia, seguida de ação, para transformar o fracasso em sucesso. Você também pode continuar a crescer com doses de reforço de novas ideias, vida nova, sangue novo, nova atividade.

PILOTO Nº 6

PENSAMENTOS PELOS QUAIS SE GUIAR

- Você tem um problema? Isso é bom. Cada vez que supera um problema com AMP, você se torna uma pessoa melhor, maior e mais bem-sucedida.
- Todo mundo tem problemas. Aqueles com AMP transformam as adversidades em sementes de benefícios equivalentes ou maiores.

- Seu sucesso ou fracasso ao enfrentar os desafios da mudança será determinado por sua atitude mental.
- Quando tiver um problema, (a) peça orientação divina, (b) pense, (c) formule o problema, (d) analise-o, (e) adote a atitude de "Isso é bom!" de AMP e (f) então transforme a adversidade em sementes de um benefício maior.
- Sexo é o maior desafio da mudança. Transmute a emoção do sexo em virtude.
- As sete virtudes são prudência, fortaleza, temperança, justiça, fé, esperança e caridade. Desenvolva essas qualidades em sua vida.
- Uma boa ideia seguida de ação pode transformar fracasso em sucesso.

CAPÍTULO 7

APRENDA A VER

Está na hora de examinar sua visão mental? A visão mental, como a física, pode ficar distorcida. E aí você tateia em uma névoa de conceitos falsos, dando encontrões por aí e machucando a si e aos outros.

As deficiências físicas mais comuns dos olhos são dois opostos – miopia e hipermetropia. Essas são também as principais distorções da visão mental.

A pessoa com miopia mental é propensa a ignorar objetos e possibilidades distantes. Presta atenção apenas nas questões imediatas e é cega às oportunidades que poderiam ser suas caso pensasse e planejasse em termos de futuro. Você é míope se não faz planos, não formula objetivos e não estabelece bases para o futuro.

A pessoa com hipermetropia mental é propensa a ignorar as possibilidades que estão bem diante dela. Vê apenas um mundo de sonhos do futuro, sem relação com o presente. Quer começar pelo topo em vez de avançar passo a passo – e não reconhece que o único trabalho no qual é possível começar pela parte de cima é o de cavar um buraco.

No processo de aprender a ver, você desenvolve tanto a visão de perto quanto a visão de longe.

Olhe em volta. Será que existem fortunas bem na sua frente? Enquanto dá conta das tarefas diárias, existem pequenas áreas de irritação? Talvez você possa pensar em uma forma de superá-las que seja útil para você e para os outros. Muitos homens fazem fortuna por resolver necessidades singelas; foi o caso de quem inventou o grampo de cabelo, o clipe de papel e o zíper. Você pode encontrar acres de diamantes em seu quintal.

Olhe à distância. Libere sua mente para vaguear ao longe, procurando novas oportunidades, buscando tendências, captando o cenário mais amplo. Ser capaz de prever o futuro é uma das realizações mais espetaculares do cérebro humano. Desenvolva a visão criativa.

Ver é uma habilidade que se aprende. Mas, como qualquer habilidade, deve ser exercitada. Precisamos aprender a olhar para o nosso mundo com outros olhos – ver as oportunidades que se encontram por tudo à nossa volta, mas simultaneamente olhar para o futuro e as chances que estão lá.

Podemos pensar que reconhecemos nossos próprios talentos; todavia, podemos ser cegos a respeito disso. Também podemos não ver potencial – nem presente, nem futuro – nas habilidades e capacidades dos outros, tampouco os pontos de vista deles.

Você tem a tendência de ver o que quer ver.

Roy Plunkett, um químico da DuPont, certa vez fez um experimento que à primeira vista deu errado. O tubo de ensaio pareceu ficar vazio. Curioso, Plunkett pesou o tubo, descobriu que este não estava vazio. Ele acabou por descobrir o politetrafluoretileno – mundialmente conhecido como teflon.

A capacidade de ver é muito mais do que o processo físico da passagem dos raios de luz na retina ocular. É a habilidade de interpretar o que se vê e aplicar essa interpretação na própria vida e na vida dos outros.

PILOTO Nº 7

PENSAMENTOS PELOS QUAIS SE GUIAR

- Sua visão mental se torna mais clara ano após ano?
- Olhe ao redor. Talvez haja diamantes no seu quintal.
- Não seja míope – olhe ao longe, para o futuro.
- Veja as habilidades e o ponto de vista dos outros.
- Faça perguntas a si mesmo. Se você não sabe as respostas, consulte especialistas.

CAPÍTULO 8

O SEGREDO DE FAZER AS COISAS

Qual é o segredo de fazer as coisas? Agir. Entre em ação com um arranque automático – o automotivador FAÇA ISSO AGORA!

Se você faz coisas que não quer fazer ou se não faz as coisas que quer fazer, este capítulo é para você. Comece a usar o arranque automático FAÇA ISSO AGORA! em pequenas coisas. Rapidamente desenvolverá o hábito de uma reação reflexa poderosa e, quando surgirem emergências ou oportunidades, você agirá.

Digamos que você deva dar um telefonema, mas

fique adiando. Quando o arranque automático FAÇA ISSO AGORA! fulgurar do subconsciente na mente consciente, aja. Faça a ligação imediatamente.

Ou suponha que você costume programar o despertador para as 6h, todavia, quando o alarme dispara, você o desliga e volta a dormir. Agora, quando o arranque automático FAÇA ISSO AGORA! fulgurar em seu consciente, haja o que houver, fique acordado. Assim você desenvolverá o hábito de responder ao arranque.

Você desenvolve hábitos pela repetição. "Semeie uma ação e colha um hábito, semeie um hábito e colha um caráter, semeie um caráter e colha um destino", afirmou o grande psicólogo e filósofo William James.

Muita gente tem o hábito da procrastinação. Por causa disso, podem perder o trem, atrasar-se para o trabalho ou algo pior: perder uma oportunidade que poderia mudar o curso de sua vida para melhor.

FAÇA ISSO AGORA! pode afetar todas as fases de sua vida. Pode ajudá-lo a realizar as coisas que você deve fazer, mas não tem vontade. Pode impedi-lo de procrastinar quando confrontado com um dever desagradável. Mas também pode ajudá-lo a fazer aquilo que você quer fazer. Ajudá-lo a aproveitar aqueles momentos preciosos que, caso perdidos, talvez jamais sejam recuperados. A palavra agradável para um amigo, por exemplo. O telefonema para um associado, apenas para dizer que você o admira.

Eis aqui uma ideia para ajudá-lo a começar. Sente e escreva uma carta para si mesmo contando as coisas que sempre teve intenção de fazer como se já tivessem sido realizadas – projetos pessoais, de caridade ou comunitários. Redija a carta como se um biógrafo estivesse escrevendo sobre a pessoa maravilhosa que você realmente é quando está sob a influência de AMP.

Não pare por aí. Use o segredo de fazer as coisas. Responda ao arranque automático FAÇA ISSO AGORA! Independentemente de quem você foi ou de quem é, você pode ser o que quiser se agir com AMP.

PILOTO Nº 8

PENSAMENTOS PELOS QUAIS SE GUIAR

- "Semeie uma ação e colha um hábito, semeie um hábito e colha um caráter, semeie um caráter e colha um destino." Quais hábitos de pensamento ou ação em qualquer atividade você gostaria de adquirir? Quais hábitos gostaria de eliminar?
- O segredo de fazer as coisas é FAÇA ISSO AGORA!
- Quando a sugestão FAÇA ISSO AGORA! fulgurar de seu subconsciente em sua mente consciente, aja imediatamente. Esse hábito vai torná-lo um realizador destacado.
- Agora é a hora de agir.

CAPÍTULO 9

COMO MOTIVAR A SI MESMO

O que é motivação? Motivação é o que induz à ação ou determina uma escolha. É o que fornece um motivo.

Motivo é o anseio interior que o incita à ação, tal como instinto, paixão, emoção, hábito, estado de ânimo, impulso, desejo ou ideia. É a força que deflagra ação na tentativa de produzir resultados específicos.

Quando conhecer os elementos que podem motivá-lo, você vai conhecer os elementos que podem motivar os outros. Por outro lado, quando conhecer os elementos que podem motivar os outros, vai conhecer os elementos que podem motivá-lo.

Motive a si mesmo e aos outros com o ingrediente mágico – esperança. Esperança é um desejo com a expectativa de obter o que é desejado e a crença de que é obtenível.

Uma pessoa reage de modo consciente ao que lhe é desejável, crível e atingível. E também reage de modo subconsciente ao anseio interno que induz à ação quando uma sugestão ou autossugestão causa a liberação dos poderes da mente subconsciente.

A resposta à sugestão pode envolver obediência direta, neutra ou em ação reversa a um símbolo específico. Em outras palavras, pode haver vários tipos e graus de fatores motivacionais. Cada resultado tem uma causa determinada. Cada um de seus atos é resultado de determinada causa – os seus motivos.

Existem dez motivos básicos que inspiram todos os pensamentos, todas as ações voluntárias humanas. Ninguém nunca faz nada sem ter sido motivado. Os dez motivos básicos de toda ação humana são:

- O desejo de AUTOPRESERVAÇÃO.
- A emoção do AMOR.
- A emoção do MEDO.
- A emoção do SEXO.
- O desejo de VIDA APÓS A MORTE.
- O desejo de LIBERDADE DO CORPO E DA MENTE.
- A emoção da RAIVA.
- A emoção do ÓDIO.
- O desejo de RECONHECIMENTO E AUTOEXPRESSÃO.
- O desejo de GANHO MATERIAL.

Ao ler *Atitude Mental Positiva*, você vê claramente que emoções, sentimentos e pensamentos negativos são prejudiciais. Mas há ocasiões em que sejam bons? Sim – no momento adequado e sob as circunstâncias certas.

No processo da evolução humana, pensamentos, sentimentos, emoções e atitudes negativas protegeram impediram a extinção da espécie. E as forças negativas de um indivíduo, como a força negativa de uma barra de ímã, repelem de modo eficaz a força negativa dos outros. Quanto mais cultos, refinados e civilizados uma sociedade ou um ambiente, menor é a necessidade do indivíduo de usar forças negativas. Contudo, em um ambiente negativo, antagônico, uma pessoa de bom senso usará as forças negativas com AMP para opor-se ao mal com que se depara.

O ser humano é a única espécie que pode controlar as emoções voluntariamente, sem ser forçado por influências externas, e deliberadamente mudar hábitos de resposta emocional. Quanto mais civilizado, culto e refinado você é, mais facilmente pode controlar suas emoções e seus sentimentos, se optar por fazer isso.

Embora suas emoções nem sempre estejam imediatamente sujeitas à razão, estão imediatamente sujeitas à ação. Você pode usar a razão para determinar a inutilidade de uma emoção negativa e assim motivar-se à ação. Um meio eficaz de fazer isso é a autopersuasão, um comando para si mesmo, com uma palavra que incorpore o que você quer. Por exemplo, se você está com medo e quer ser corajoso, use o comando SEJA CORAJOSO. Prossiga com a ação. Se você quer ser corajoso, aja com coragem. Como? Use o arranque automático FAÇA ISSO AGORA! E aja.

Benjamin Franklin elaborou uma lista de treze virtudes que desejava desenvolver. Para não distrair a atenção tentando aprimorar-se em todas de uma vez só, decidiu enfocar uma por uma. Franklin arranjou a lista em sequência, considerando que certas virtudes facilitavam a aquisição de outras. Eis as treze virtudes e seus preceitos (motivadores para a autopersuasão):

- TEMPERANÇA: não coma até o embotamento; não beba até a embriaguez.
- SILÊNCIO: não fale nada além daquilo que possa beneficiar os outros ou a você mesmo; evite conversas superficiais.

- ORDEM: deixe todas as suas coisas nos devidos lugares; deixe cada parte do seu negócio ter seu próprio tempo.
- RESOLUÇÃO: decida executar o que você deve; execute sem falta o que você decidir.
- FRUGALIDADE: não faça nenhuma despesa a não ser para fazer o bem aos outros ou a você mesmo, ou seja, não desperdice nada.
- DILIGÊNCIA: não perca tempo; esteja sempre ocupado em algo útil; corte todas as ações desnecessárias.
- SINCERIDADE: não cometa fraude; pense de forma inocente e justa e, se falar, fale de acordo.
- JUSTIÇA: não prejudique ninguém com injúrias ou omitindo os benefícios que são seu dever.
- MODERAÇÃO: evite extremos; abstenha-se de ressentir-se de injúrias tanto quanto acha que elas mereçam.

- LIMPEZA: não tolere nenhuma impureza no corpo, nas roupas ou na habitação.
- TRANQUILIDADE: não se perturbe com ninharias ou com acidentes comuns ou inevitáveis.
- CASTIDADE: use o ato sexual raramente, apenas para a saúde ou descendência, nunca até o embotamento, fraqueza ou prejuízo da paz ou reputação – sua ou de outros.
- HUMILDADE: imite Jesus e Sócrates.

PILOTO Nº 9

PENSAMENTOS PELOS QUAIS SE GUIAR

- Motivação é aquilo que induz à ação ou determina uma escolha.
- Motive-se com AMP. Lembre-se: o que a mente do homem pode conceber e acreditar, a mente do homem pode alcançar com AMP.

- Reconheça a possibilidade do improvável.
- Esperança é o ingrediente mágico na motivação de si mesmo e dos outros.
- Emoções, sentimentos, pensamentos e atitudes negativas são bons no momento adequado e sob as circunstâncias certas.
- Os dez motivos básicos são autopreservação, amor, medo, sexo, desejo de vida após a morte, desejo de liberdade de corpo e mente, raiva, ódio, desejo de reconhecimento e autoexpressão, bem como desejo de riqueza material.

CAPÍTULO 10

COMO MOTIVAR OS OUTROS

Ao longo da vida, você desempenha papéis duplos, nos quais motiva os outros e eles o motivam: pai e filho, professor e aluno, vendedor e comprador, mestre e servo – você assume todos os papéis.

Você pode motivar os outros tendo fé neles. Fé ativa. Você diz: "Eu sei que você vai ter sucesso. Eu e outro estamos aqui, esperando por você". Quando você tem esse tipo de fé em alguém, a pessoa tem sucesso.

A fé pode ser expressa em uma carta, uma excelente ferramenta para expor pensamentos e motivar outra pessoa. Para escrever uma carta, deve-se pensar.

Pode-se fazer perguntas para conduzir a mente do destinatário pelos canais desejados. Pode-se fazer uma pergunta para obter uma carta de resposta.

Você pode motivar pelo exemplo, compartilhando inspiração para a ação e/ou conhecimentos. Se você sabe o que motiva uma pessoa, também pode motivá-la.

Dar um livro inspirador (como este que você tem em mãos) é uma das maneiras mais eficazes de motivar outra pessoa. A chama da inspiração e do entusiasmo será extinta a menos que continuamente abastecida. Literatura de autoajuda é o combustível que alimenta essa chama, é uma vitamina mental.

Uma técnica simples com que você pode motivar os outros baseia-se na sugestão. (Assim como, mediante autossugestão, você pode motivar a si mesmo.) Se uma pessoa é tímida e seu trabalho exige que seja agressiva, você usa a razão para salientar a naturalidade da timidez e do medo e para ressaltar que outros superaram a timidez. Então, recomenda à pessoa que repita para si mesma, várias vezes ao dia, uma palavra ou um automotivador que simbolize o que o ela quer ser, no caso, SEJA AGRESSIVO! SEJA AGRESSIVO!, especialmente quando sentir a timidez. Nessas situações, ela deve agir mediante o arranque FAÇA ISSO AGORA!

Como o grande professor e psicólogo William James provou de forma muito conclusiva, as emoções não estão imediatamente sujeitas à razão, mas estão imediatamente sujeitas à ação. E a ação pode ser física ou mental. Um pensamento pode ser tão estimulante e eficaz quanto uma ação para alterar uma emoção de negativa para positiva. Nesse caso, a ação, seja física seja mental, precede a emoção.

Visto que o propósito de *Atitude Mental Positiva* é ajudá-lo, e como os autores querem que você entre em ação, iremos mostrar agora como motivamos indivíduos de uma plateia a agir. (Experimente depois.) Chamamos alguém e apresentamos a instrução:

"Você quer sentir-se entusiasmado?".

"Sim."

"Então aprenda o automotivador: 'Para ser entusiástico, aja com entusiasmo'. Repita a frase."

"Para ser entusiástico, aja com entusiasmo."

"Qual é a palavra-chave na afirmação?"

"Aja."

"É isso mesmo. Vamos parafrasear a mensagem para você aprender o princípio e assimilá-lo. Se você quer ficar doente, o que você faz?"

"Ajo como doente."

"E, se você quer ser entusiástico, o que faz?"

"Para ser entusiástico, ajo com entusiasmo."

Esse automotivador pode ser aplicado a qualquer virtude ou meta. Tomando a justiça como exemplo, o automotivador seria: para ser justo, aja com justiça.

Para transmitir entusiasmo e motivar os outros, você deve falar com entusiasmo. Faça o seguinte:

- **Fale em voz alta**: especialmente se estiver tremendo por dentro diante de uma plateia.
- **Fale rápido**: sua mente funciona mais rápido quando faz isso.
- **Enfatize**: destaque palavras importantes.
- **Faça pausas**: aproveite o efeito dramático do silêncio onde haveria um ponto ou vírgula na frase.
- **Sorria com a voz**: você coloca um sorriso na voz colocando um sorriso no rosto, nos olhos.
- **Module**: alterne o tom e o volume quando falar por um longo período.

PILOTO Nº 10

PENSAMENTOS PELOS QUAIS SE GUIAR

- Motive os outros a terem autoconfiança mostrando que você tem fé neles e em si.
- Motive pessoas queridas escrevendo-lhes cartas.

- Motive os outros pelo exemplo.
- Dê livros inspiradores de autoajuda.
- Se você sabe o que motiva uma pessoa, pode motivá-la.
- Motive os outros pela sugestão. Motive a si mesmo por autossugestão.
- Para se tornar entusiasmado, aja com entusiasmo!
- Para falar com entusiasmo, superar a timidez e o medo, fale em voz alta e rápido, enfatize palavras importantes, faça uma pausa onde houver ponto ou vírgula na frase, mantenha um sorriso na voz para que não soe ríspida e module.

CAPÍTULO 11

EXISTE UM ATALHO PARA A RIQUEZA?

Existe. Para tomar o atalho para a riqueza, você deve necessariamente pensar com AMP e aplicar os demais princípios do sucesso (ver Capítulo 2). Quando você pensa com AMP, pode relacionar, usar, controlar ou harmonizar todos os poderes.

Só você pode pensar por você. Portanto, o atalho para a riqueza para você pode ser expresso em um símbolo de cinco palavras: PENSE COM AMP E ENRIQUEÇA.

Se você pensar com AMP, automaticamente vai prosseguir com a ação. Vai tomar a rota mais direta e seguir rumo ao destino não obstante as interrupções ou os obstáculos com que depare Vai empregar os princípios expressos neste livro, que vão ajudá-lo a atingir qualquer meta que não viole as leis de Deus ou os direitos dos seus semelhantes.

PILOTO Nº 11

UM PENSAMENTO PELO QUAL SE GUIAR

💎 Pense com AMP e enriqueça!

CAPÍTULO 12

ATRAIR – NÃO REPELIR – A RIQUEZA

Este capítulo revela como você pode ganhar dinheiro. Você gostaria de ser rico? Seja sincero. Claro que gostaria. Ou você tem medo de ser rico?

Ao estudar a carreira de homens bem-sucedidos, verificamos que muitos deles datam seu sucesso do dia em que pegaram um livro de autoaperfeiçoamento. Nunca subestime o valor de um livro. Os livros são ferramentas, proporcionam inspiração que pode lançá-lo em um novo e ousado programa e também iluminam os dias sombrios que um programa assim acarreta.

O tempo dedicado a sessões de pensamento é essencial para a atração de riqueza. É no silêncio que as melhores ideias nos ocorrem. Não cometa o erro de acreditar que você está no seu estado mais eficiente quando em alguma correria frenética. Não presuma estar perdendo tempo quando reserva um período para pensar. O pensamento é a fundação sobre a qual tudo o mais é construído pelo homem.

Suas sessões de pensamento, estudo e planejamento não precisam ser longas. O dia tem 1.440 minutos; invista 1% desse tempo e ficará pasmo com o que esses quatorze minutos farão por você. Ao desenvolver esse hábito você poderá ser surpreendido por ideias construtivas a qualquer hora ou lugar – enquanto lava a louça, anda de ônibus ou toma banho.

Certifique-se de usar duas das maiores ferramentas de trabalho já inventadas: lápis e papel. Tenha-as sempre à mão para registrar as ideias que apareçam de dia ou à noite.

Outro requisito para atrair riqueza é definir sua meta. Tenha em mente quatro coisas:

- Escreva sua meta: assim você começa a cristalizar o pensamento.
- Fixe um prazo: especifique uma data para chegar ao objetivo. Isso é importante para motivá-lo.
- Defina padrões elevados: quanto mais alta a meta, mais concentrado o esforço. Além disso, será obrigatório estabelecer um objetivo imediato e outro intermediário. Pergunte a si mesmo: onde você vai estar e o que estará fazendo daqui a dez anos se continuar fazendo o que está fazendo agora?
- Almeje alto: pleitear prosperidade e abundância não exige mais esforço do que o exigido para aceitar miséria e pobreza. Você deve ter coragem de pedir à vida mais do que julgue merecer neste momento, pois é fato que as pessoas tendem a elevar-se para atender às demandas colocadas sobre elas.

Embora seja extremamente desejável traçar um plano do começo ao fim, isso nem sempre é viável. Porém, se você sabe onde está e aonde quer chegar, pode avançar passo a passo caso se mantenha motivado.

A coisa mais importante depois de definir a meta é partir para a ação. Dar o primeiro passo. Não interessa quanto tempo seja dedicado ao pensamento e estudo, isso será de pouca utilidade a menos que você aja.

Atitude Mental Positiva atrairá riqueza, Atitude Mental Negativa fará o contrário. Você deve dar o primeiro passo com AMP e seguir com AMP até o fim. Muita gente começa com AMP e acaba influenciada pelo lado negativo do talismã, desistindo quando está a um passo de alcançar o destino. Fé aplicada é um dos dezessete princípios do sucesso. O teste da fé é aplicá-la na hora de maior necessidade.

Você pode estar pensando: "Tudo isso de atitudes mentais positivas e negativas é muito bom. Mas e quanto a mim, que vivo de salário?".

Nossa resposta é: você também pode adquirir riqueza. Faça o seguinte:

- Economize dez centavos de cada dólar que ganha;
- A cada seis meses invista suas economias e os juros ou dividendos;
- Procure conselho especializado em investimentos seguros para não perder seu capital.

Quando começar? FAÇA ISSO AGORA! Você pode conquistar segurança financeira ou ficar rico de verdade.

Nunca é tarde para aprender. Você não terá êxito consistente a menos que saiba, entenda e aplique as regras. Portanto, reserve tempo para compreender e aplicar o que está lendo neste livro.

Lembre-se: os pensamentos que você tem e as declarações que faz sobre si mesmo determinam sua atitude mental. Se você tem um objetivo que vale a pena, encontre a razão pela qual você pode alcançá-lo, em vez de centenas de razões pelas quais não pode.

PILOTO Nº 12

PENSAMENTOS PELOS QUAIS SE GUIAR

- Se você sabe aonde quer chegar e dá o primeiro passo, você está a caminho.
- O teste da fé é aplicá-la na hora de necessidade.
- Dedique tempo regular ao estudo, pensamento e planejamento de metas.
- Escreva cada meta, estabeleça prazos, defina metas elevadas e leia suas anotações diariamente.
- Onde você vai estar e o que estará fazendo daqui a dez anos se continuar fazendo o que faz agora?
- Poupe dez centavos de cada dólar que ganha.
- A cada seis meses invista suas economias e os juros.
- Antes de investir, procure conselho especializado.

CAPÍTULO 13

SE NÃO TEM DINHEIRO, USE DOP

"Negócios? Muito simples. É o dinheiro de outras pessoas", disse Alexandre Dumas filho em sua peça *A questão do dinheiro*.

Sim, é simples assim: use DOP – dinheiro de outras pessoas. Essa é a forma de adquirir riquezas.

A premissa básica de usar DOP é operar dentro dos mais elevados padrões éticos e da Regra de Ouro. O homem desonesto não tem direito a crédito. O automotivador USE DOP implica o reembolso integral do dinheiro, conforme o combinado com o credor.

Crédito e uso de DOP são a mesma coisa. A pessoa, empresa ou nação que não utiliza o crédito para a expansão e progresso deixa de lado um número importante na combinação para o sucesso.

Honestidade é uma coisa para a qual não existe substituto satisfatório. É algo que vai mais fundo no ser humano do que a maioria dos traços de personalidade. A honestidade, ou a falta dela, manifesta-se de forma indelével em cada palavra, cada pensamento e ação, e muitas vezes se reflete no rosto do indivíduo. A pessoa desonesta pode anunciar sua fraqueza no tom da voz, no semblante, na natureza e tendência de suas conversas ou no tipo de serviço que presta.

Então, ainda que este capítulo se refira ao uso do dinheiro de outras pessoas, também tem fortes conotações de caráter. Honestidade e reputação, crédito e sucesso nos negócios estão misturados. Quem é honesto está no caminho para obter os outros três.

O negócio dos bancos é emprestar dinheiro.

Quanto mais emprestam para pessoas honestas, mais dinheiro ganham. Seu gerente de banco é um especialista. E o mais importante: é seu amigo. Ele quer ajudar, pois é uma das pessoas ansiosas para vê-lo ter sucesso. Se o seu gerente entende do negócio dele, escute o que ele tem a dizer. Uma pessoa de bom senso nunca subestima o poder de um dólar emprestado ou os conselhos de um especialista.

A utilização de crédito pode envolver malefícios e abuso. Uma pessoa desonesta vai tomar dinheiro emprestado ou comprar mercadorias sem a intenção de fazer os pagamentos acordados. Uma pessoa honesta pode tornar-se desonesta ao negligenciar o pagamento de empréstimos ou mercadorias. Caso as circunstâncias impeçam a realização de um pagamento, a pessoa honesta terá coragem de encarar a verdade; assim, notificará os credores e irá elaborar um arranjo satisfatório. Acima de tudo, fará sacrifícios até a obrigação enfim estar quitada.

O homem honesto com bom senso não abusa dos privilégios do crédito. O homem honesto que carece de bom senso pode recorrer a empréstimos ou compras a crédito de forma indiscriminada e acabar endividado.

Alguns dos mais sagazes investidores já perderam fortunas no mercado de ações por carecer de conhecimento sobre os ciclos da economia ou, tendo conhecimento, por não agir em tempo. O mesmo já aconteceu com dezenas de milhares de indivíduos honestos e prudentes envolvidos em todos os tipos de empreendimento, inclusive agrícolas, que enriqueceram com DOP. À medida que os títulos valorizavam, faziam mais empréstimos para comprar mais títulos, terras agrícolas ou outros bens. Quando o valor de mercado dos títulos despencou, não tiveram condições de pagar os empréstimos.

Os ciclos do mercado repetem-se com regularidade. Quando usar DOP, certifique-se de calcular como você poderá pagar o credor.

Se você perdeu uma parte de sua riqueza ou toda ela, não hesite em recomeçar no momento adequado. Muitas pessoas ricas de hoje perderam fortunas anteriormente. Porém, como não perderam a atitude mental positiva, tiveram coragem de aprender com a experiência e se reergueram.

PILOTO Nº 13

PENSAMENTOS PELOS QUAIS SE GUIAR

- Use DOP (dinheiro de outras pessoas) para adquirir riqueza.
- A premissa básica de usar DOP é operar dentro dos mais elevados padrões éticos e da Regra de Ouro.
- O homem desonesto não tem direito a crédito.
- Seu banqueiro é seu amigo.
- Onde não há nada a perder por tentar e muito a ganhar, tente de todas as maneiras.

- Quando quiser fazer um acordo, desenvolva um plano que dê ao outro o que ele quer. Um bom negócio é mutuamente vantajoso.
- Crédito utilizado de forma indiscriminada é causa de muita frustração, miséria e desonestidade.
- Aprenda sobre os ciclos da economia a fim de saber quando expandir seus negócios e quando contrair e quitar empréstimos.

CAPÍTULO 14

COMO ENCONTRAR SATISFAÇÃO NO TRABALHO

Você tem maior possibilidade de encontrar satisfação no trabalho se fizer algo que "vem ao natural" – aquilo para que tem aptidão ou gosto. Quando aceita um emprego que não vem ao natural, você pode experimentar frustrações e conflitos emocionais e mentais. No entanto, também pode neutralizar e até superar tais conflitos e frustrações se usar AMP e estiver motivado a ganhar experiência para se tornar proficiente.

Observe pessoas que gostam do trabalho que fazem. Pessoas felizes e satisfeitas controlam sua atitude mental. Adotam uma visão positiva da situação. Olham em busca do que é bom; quando algo não é tão bom, olham primeiro para si para ver se podem melhorar.

Pessoas infelizes no trabalho (e geralmente em outros aspectos também) estão agarradas à AMN. Olham em busca de motivos de queixa: a jornada de trabalho é muito longa, o horário de almoço é muito curto, o chefe é rabugento, a empresa não dá férias suficientes, o tipo de bônus não é correto. Reclamam até de coisas irrelevantes, tipo "Fulana usa a mesma roupa todos os dias", "Fulano escreve de forma ilegível", e por aí vai.

Se quiser ficar feliz e satisfeito, você pode: controle sua atitude mental e vire seu talismã de AMN para AMP. Aqui estão algumas coisas que você pode fazer:

- Estude o trabalho, conheça e entenda as regras e as técnicas tão bem que a atividade se torne natural.
- Defina metas regularmente e acredite que irá atingi-las. Almeje alto.

- Desfrute a satisfação de um trabalho bem feito.
- Ao começar o dia e em momentos de necessidade, use automotivadores como SINTO-ME SAUDÁVEL! SINTO-ME FELIZ! SINTO-ME FANTÁSTICO!

Se você conseguir levar felicidade e entusiasmo para o local de trabalho, estará fazendo uma contribuição que poucos igualam. Tornará seu trabalho divertido, e sua satisfação no emprego será medida em sorrisos – além de em produtividade.

Muita gente tem atividades por demais cotidianas, sem desafios ou novidades. Um dos segredos da satisfação no trabalho é enxergar além da rotina. Isso é válido para a dona de casa, o arquivista, o operador de bomba de gasolina e o presidente de uma grande corporação. Você encontrará satisfação em tarefas monótonas quando as enxergar como pedras da trilha na direção escolhida, como meios para um fim. É o caso, por exemplo, do trabalho para pagar os estudos.

Às vezes o preço a pagar em determinado emprego é muito alto em relação à meta que ele vai comprar. Caso seu trabalho seja desse tipo, troque. Se você está infeliz no seu emprego, os venenos dessa insatisfação se espalham por todos os aspectos da vida.

No entanto, se o preço do emprego vale a pena, mas você ainda assim está descontente, desenvolva insatisfação inspiradora com AMP. Transforme desvantagens em vantagens. Decida o que quer. Aplique fé, pensamento claro e ação positiva, sabendo que resultados desejáveis podem e serão alcançados.

As características, habilidades e capacidades que fazem você ser feliz e bem-sucedido em um ambiente podem criar reação oposta em outro. Você tem uma tendência a fazer bem o que quer fazer. Você fica um peixe fora d'água em atividades que não vêm ao natural e que lhe são repulsivas. Em tais situações infelizes, você pode mudar de cargo e ir para um ambiente que lhe seja agradável.

Talvez não seja viável mudar de cargo. Você pode então fazer ajustes em seu ambiente para que coincida com suas características, habilidades e capacidades, de modo que você fique feliz. Quando faz isso, você é "um peixe n'água." Essa solução ajudará a mudar sua atitude de negativa para positiva.

Se desenvolver e mantiver um desejo ardente de fazê-lo, você pode até mesmo neutralizar e alterar suas tendências e hábitos, estabelecendo novos. Você pode se reconfigurar caso esteja suficientemente motivado. Mas, antes de alcançar o sucesso em mudar hábitos e tendências, esteja preparado para enfrentar conflitos mentais e morais. Você pode vencer se estiver disposto a pagar o preço. Você pode achar difícil pagar cada parcela necessária – particularmente as primeiras. Mas, quando tiver pago na íntegra, os traços recém-estabelecidos serão predominantes. As velhas tendências e hábitos vão ficar inativos. Você será feliz porque estará fazendo o que agora vem ao natural.

PILOTO Nº 14

PENSAMENTOS PELOS QUAIS SE GUIAR

- Satisfação é uma atitude mental.
- Sua atitude mental é a única coisa que você tem e sobre a qual só você tem controle completo.
- Memorize: SINTO-ME FELIZ! SINTO-ME SAUDÁVEL! SINTO-ME FANTÁSTICO!
- Quando definir uma meta, almeje alto!
- Conheça as regras e entenda como aplicá-las.
- Defina o seu alvo e continue tentando até chegar lá.
- Veja além da rotina. Use a teoria das pedras do caminho.
- Desenvolva insatisfação inspiradora.
- O que você faz se é um peixe fora d'água?

CAPÍTULO 15

SUA SUBLIME OBSESSÃO

Com a ideia que estamos prestes a dar, você pode ter riquezas muito além das mais doces esperanças. Essa ideia vai trazer riqueza em termos de felicidade, pois sua personalidade se expandirá e você receberá carinho e amor em qualidade e quantidade que nunca sonhou.

O princípio aqui é óbvio: desenvolva a sublime obsessão de ajudar os outros. Doe-se sem esperar recompensa, pagamento ou louvores. Acima de tudo, mantenha suas boas ações em segredo. Você colocará em movimento os poderes de uma lei universal, e bênçãos e recompensas serão derramadas sobre você.

Toda pessoa neste mundo pode ajudar os outros doando uma parte de si. Você não precisa ser rico ou poderoso para desenvolver o desejo ardente de ser útil aos outros. Seus bens mais preciosos e valorizados e seus maiores poderes muitas vezes são invisíveis e intangíveis. Ninguém pode tirá-los. Você e só você pode compartilhá-los.

Quanto mais compartilhar, mais você terá. Se duvida, comprove oferecendo um sorriso, uma palavra gentil, uma resposta agradável, cordialidade, ânimo, encorajamento, esperança, honra, crédito e aplauso, bons pensamentos, provas de amor para os entes queridos, felicidade, preces pelos ateus e pelos religiosos e tempo para uma causa nobre. Se experimentar qualquer uma dessas opções de doação, também vai comprovar que aquilo que permanece com você depois de compartilhado se multiplica e cresce, e aquilo que você nega aos outros diminui. Assim, compartilhe o que é bom e desejável e retenha o que é ruim e indesejável.

Pode ser preciso coragem e sacrifício para transformar sua sublime obsessão em realidade. Talvez você fique sozinho para combater e rechaçar o escárnio e a ignorância dos especialistas. Como grandes descobridores, criadores, inventores, filósofos e gênios, você pode ser tachado de louco, maluco ou pirado. Os especialistas podem dizer que o que você está tentando não pode ser feito. Quando disserem "não dá para fazer", encontre um jeito de fazê-lo.

Muita gente de mentalidade negativa diz que o dinheiro é a raiz de todos os males. Todavia, a Bíblia diz que o amor ao dinheiro é a raiz de todos os males. Em nossa sociedade, dinheiro é o meio de troca. Dinheiro é poder. Como todo poder, pode ser usado para o bem ou para o mal. Dinheiro é bom? Sabemos que é. As sublimes obsessões de milionários que doam fortunas para a filantropia vão viver eternamente.

Antes de morrer, aos 83 anos de idade, o magnata do aço Andrew Carnegie trabalhou diligentemente por muitos anos para compartilhar sua grande riqueza com aqueles que então viviam e com as gerações futuras. Doou milhões por meio de subvenções diretas, fundações e fundos.

Carnegie disse a Napoleon Hill que sua maior riqueza consistia não em dinheiro, mas no que chamou de filosofia da realização americana. Incumbiu Hill de compartilhá-la com o mundo – e neste livro a compartilhamos com você.

É de costume um homem compartilhar parte de sua riqueza tangível com seus entes queridos no decorrer da vida ou fazer isso em testamento. Este mundo seria um lugar melhor se cada pessoa deixasse como herança para a posteridade a filosofia e o *know-how* que lhe trouxeram felicidade, saúde física, mental e espiritual e riqueza – como fez Carnegie.

Algumas pessoas dizem que você pode julgar um homem por sua filosofia de vida. O magnata do petróleo Michael Benedum, outro grande filantropo, dizia o seguinte sobre dinheiro: "Sou apenas um depositário e serei responsabilizado pelo bem que puder realizar, tanto na comunidade como um todo, quanto em oportunidades para indivíduos que apareçam".

Assim como Carnegie e muitos outros com uma sublime obsessão, Benedum teve uma vida longa. Em seu aniversário de 85 nos, declarou: "Perguntaram-me como sigo ativo nessa idade. Minha fórmula é me manter ocupado para que os anos passem despercebidos. Não desprezar nada, exceto o egoísmo, a maldade e a corrupção. Não temer nada, exceto a covardia, a deslealdade e a indiferença. Não cobiçar nada do meu vizinho, exceto sua bondade de coração e sua gentileza de espírito. Pensar muitas, muitas vezes nos meus amigos e, se possível, raramente nos meus inimigos. A meu ver, a idade não é uma questão de anos. É um estado de espírito. Você é tão jovem quanto a sua fé, e acho que hoje tenho mais fé no meu semelhante, no meu país e em meu Deus do que jamais tive".

É aquela velha história: a pessoa que tem algo pelo que viver vive mais tempo. Quem tem uma sublime obsessão dedica tempo e pensamento a projetos que beneficiam os outros e, como sua vida é a boa vida, experimenta o prazer e o valor terapêutico da estima e do amor de seus semelhantes. Você pode não ter a riqueza de um Andrew Carnegie ou Michael Benedum, mas isso não o priva de construir sua sublime obsessão.

PILOTO Nº 15

PENSAMENTOS PELOS QUAIS SE GUIAR

- Para desenvolver uma sublime obsessão, doe sem esperar recompensa, pagamento ou elogios. Mantenha suas boas ações em segredo.
- Independentemente de quem seja ou do que tenha sido, você pode nutrir o desejo ardente de ser útil aos outros e desenvolver sua sublime obsessão se tiver AMP.

- Quando compartilha com os outros uma parte do que tem, aquilo que sobra se multiplica e cresce. Quanto mais compartilhar, mais terá. Portanto, compartilhe o que é bom e desejável e retenha o que é ruim e indesejável.
- Você pode desenvolver sua sublime obsessão tornando-se parte de uma boa causa.
- O caráter é a pedra angular na construção e manutenção do sucesso. Como você pode melhorar o seu caráter? *Atitude Mental Positiva* vai ajudá-lo a achar as respostas.
- Existe uma coisa infinitamente melhor do que ganhar a vida: ter uma vida nobre! Você acredita nisso? Se acredita, o que fará a respeito?
- Um desejo ardente pode gerar o impulso para grandes realizações. Para desenvolver um desejo ardente, mantenha a meta diante de você diariamente. E se empenhe para alcançá-la.

- É preciso coragem e sacrifício para desenvolver e manter uma sublime obsessão. Você pode precisar posicionar-se sozinho contra o ridículo e a ignorância dos outros.
- Algumas pessoas dizem que dinheiro é a raiz de todos os males, mas a Bíblia diz que amor ao dinheiro é a raiz de todos os males.
- O bem produzido pelas sublimes obsessões de milionários que usam o poder do dinheiro para estabelecer fundações filantrópicas viverá eternamente!
- Qualquer coisa na vida que valha a pena ter vale a pena trabalhar para ter.

CAPÍTULO 16

COMO AUMENTAR SEU NÍVEL DE ENERGIA

Como está o seu nível de energia hoje? Você acordou ávido para encarar as tarefas que teria pela frente? Saiu da mesa do café da manhã animado? Mergulhou no trabalho com entusiasmo?

Não?

Talvez já faça algum tempo que você não tem a vitalidade e o vigor que acha que deveria ter. Talvez se sinta cansado antes do dia começar e se arraste no trabalho sem alegria. Se for esse o caso, vamos fazer alguma coisa!

Você tem dois tipos de energia. Uma é física, a outra é mental e espiritual. Esta última é de longe a mais importante, pois do subconsciente você pode extrair um vasto poder e força em momentos de necessidade.

Quando seu nível de energia está baixo, sua saúde e suas características desejáveis podem ser subjugadas pela negatividade. Você, como uma bateria, morre quando seu nível de energia é zero. Qual é a solução? Recarregue sua bateria. Como? Relaxe, brinque, descanse e durma!

Eis aqui uma lista para ajudá-lo a determinar seu nível de energia. Se você é uma pessoa equilibrada, sua bateria pode precisar de recarga quando você se mostra e/ou se sente:

- Indevidamente sonolento ou cansado;
- Indelicado, antipático, desconfiado;
- Queixoso, insultuoso, ofensivo;
- Irritável, sarcástico, maldoso;

- Nervoso, excitável, histérico;
- Preocupado, temeroso, enciumado;
- Precipitado, cruel, excessivamente egoísta;
- Excessivamente emotivo, deprimido ou frustrado.

Não existe glória em ser o homem mais rico do cemitério. Você não quer ser o melhor cientista, médico, executivo ou vendedor jazendo – prematuramente – sob a lápide mais bela só porque um esgotamento desnecessário danificou uma bateria que não foi recarregada.

Para manter seus níveis de energia física e mental, você precisa exercitar o corpo e a mente e repousar. Mas há um terceiro fator. Seu corpo e sua mente precisam ser alimentados adequadamente.

Você ajuda a manter seu corpo físico consumindo alimentos saudáveis e nutritivos. Se você suspeita que sua dieta é deficiente em certas vitaminas e nutrientes, deprimindo seu nível de energia, deve fazer algo a respeito. Um bom livro de receitas pode ajudar. Se a condição persistir, faça um *check-up* médico.

Você mantém seu vigor mental e espiritual absorvendo vitaminas mentais e espirituais de livros inspiradores e religiosos. Assim como seu corpo, sua mente subconsciente aceitará e absorverá nutrientes sem esforço. Mas, ao contrário do corpo físico, o subconsciente pode digerir e reter quantidades ilimitadas, ele nunca fica empanturrado. Onde você vai encontrar vitaminas mentais e espirituais? Em livros inspiradores.

A energia mental e espiritual muitas vezes transmuta-se em vitalidade física. Pense nos feitos de pessoas sob o estresse de intensa emoção. Em um acidente de automóvel, o marido fica preso debaixo do carro capotado. Naquele momento de medo e determinação, a esposa miúda e frágil consegue levantar o carro o suficiente para libertá-lo. Uma pessoa insana, com o subconsciente selvagem à solta, pode quebrar, erguer, dobrar e esmagar com uma força que jamais manifestaria nos períodos de normalidade.

A energia mental será desperdiçada se deixarmos que entre em curto-circuito devido a emoções negativas desnecessárias, como preocupação, ódio, medo, desconfiança, raiva e fúria. Um fracassado usa tanta energia no trabalho de fracassar quanto uma pessoa bem-sucedida usa na conquista do sucesso. Canalize sua energia para canais proveitosos e construtivos.

PILOTO Nº 16

PENSAMENTOS PELOS QUAIS SE GUIAR

- Como está o seu nível de energia neste momento?
- Qual é a sua fonte mais importante de energia física, mental e espiritual?
- Está na hora de recarregar sua bateria?
- Como você pode evitar ou neutralizar a fadiga?
- A maioria de suas refeições se baseia em dietas equilibradas?

- Você ingere vitaminas espirituais e mentais diariamente lendo material inspirador?
- Sua energia está sendo direcionada para canais úteis? Ou está entrando em curto-circuito e sendo desperdiçada?
- Um fracassado usa tanta energia no trabalho de fracassar quanto uma pessoa bem-sucedida usa na conquista do sucesso.
- Para ser enérgico, aja com energia!

CAPÍTULO 17

DESFRUTE DE BOA SAÚDE E VIVA MAIS

AMP vai ajudá-lo a desenvolver saúde física e mental, bem como a ter uma vida mais longa. Se você ainda não fez isso, agora é a hora de desenvolver AMP. Sempre há um motivo para viver. E, quando você tem algo pelo que viver, a mente subconsciente impõe à mente consciente uma forte motivação para mantê-lo vivo em tempos de emergência.

Livros inspiradores são tremendamente eficazes em mudar vidas. E não há livro com mais inspiração e motivação do que a Bíblia. Um livro inspirador como o que você está lendo agora pode ser o catalisador que o coloca na estrada do sucesso.

Sua saúde é um dos seus bens mais valiosos. Muitos homens estariam mais do que dispostos a trocar a riqueza que possuem por uma boa saúde. Não seja ignorante sobre sua saúde. O que você sabe sobre higiene? Higiene é definida como "um sistema de princípios ou regras concebidas para a promoção da saúde. Higiene social muitas vezes se refere especificamente ao contágio venéreo. Ignorância sobre higiene física, mental e social pode levar a pecado, doença e morte. Hoje em dia, governo e diversas organizações esforçam-se para dissipar a nuvem negra da ignorância sobre higiene física, mental e social por meio da educação. Ensina-se a prevenção, assim como a cura.

Incertezas sobre a saúde podem minar sua AMP. Se os sintomas percebidos denotam uma condição que requer atenção, quanto mais você permanecer na incerteza e não fizer nada, maiores as chances de essa condição se desenvolver. Não fique na dúvida sobre sua saúde. Entre em ação.

Atitude Mental Positiva aplicada à saúde leva em consideração a possibilidade de acidentes. Na verdade, segurança em primeiro lugar é um símbolo de AMP. Com AMP você se mantém alerta e fortalece sua vontade de viver, de resguardar sua vida e propriedade.

Dirija com cuidado se você quer se manter física e mentalmente saudável, além de viver por mais tempo. Como pedestre, fique alerta aos perigos e obedeça às leis de trânsito. Quando estiver de carona, lembre-se de que está à mercê do motorista. Recuse-se a andar com um motorista embriagado ou em um automóvel com algum problema – mesmo que o carro seja seu. A vida que você salva pode ser a sua.

Sua saúde é afetada por muitas influências internas. Algumas podem ser produtos do subconsciente. Nesses casos, o tratamento psicológico ou psiquiátrico é recomendável.

PILOTO Nº 17

PENSAMENTOS PELOS QUAIS SE GUIAR

- Você pode desfrutar de boa saúde e viver mais tempo com AMP.
- O que afeta sua mente também afeta seu corpo.
- Estude a Bíblia e outros livros inspiradores. Eles vão ensinar como se motivar para uma ação positiva.
- Aprenda a usar os dezessete princípios do sucesso e aplicá-los à sua vida. Você os memorizou?
- Você preserva a saúde observando a higiene.
- Deixe a adivinhação fora das questões de saúde, buscando tratamento quando necessário.
- AMP repele acidentes e tragédias, mantendo a pessoa alerta a perigos, e ajuda a enfrentar revezes de forma calma e deliberada.

CAPÍTULO 18

VOCÊ CONSEGUE ATRAIR FELICIDADE?

Abraham Lincoln certa vez comentou: "As pessoas são tão felizes quanto decidem ser".

Pessoas que querem ser felizes adotam uma Atitude Mental Positiva e são influenciadas pelo lado de AMP de seu talismã. Assim a felicidade é atraída para elas.

Uma das maneiras mais seguras de ser feliz é se dedicar a fazer outrem feliz. Felicidade é uma coisa fugaz, transitória. E, caso você se proponha a procurá-la, vai verificar que ela é evasiva. Porém, se tenta levar felicidade para outra pessoa, ela vem para você.

A felicidade que se experimenta como resultado da bondade é um sentimento muito profundo, cálido, cuja memória permanece. Mas o tipo de felicidade mais comum e constante fica mais próximo de um estado de contentamento. Você é uma pessoa feliz quando experimenta de modo predominante o estado mental positivo de felicidade combinado com o estado mental neutro de contentamento, em que não está infeliz.

Se compartilhar a felicidade com os outros, ela crescerá mais abundante dentro de você. Contudo, se compartilhar miséria e infelicidade, atrairá miséria e infelicidade para si. Todos nós conhecemos gente que está eternamente às voltas com encrencas – não problemas ou oportunidades disfarçadas. No caso delas, trata-se de en-cren-ca. Aconteça o que acontecer a elas, simplesmente não é bom. Isso ocorre porque elas vivem compartilhando os problemas com os outros.

Existe muita gente solitária nesse mundo que anseia por amor e amizade, mas parece nunca obter. Alguns repelem o que buscam com AMN. Outros enroscam-se em seus cantinhos e nunca se aventuram. Esperam secretamente que algo bom venha para eles, mas não compartilham nada de bom de que desfrutam. Não percebem que, quando negam aos outros aquilo que têm de bom e desejável, sua própria porção do que é bom e desejável diminui. Outros, no entanto, têm coragem de fazer algo a respeito da solidão e encontram resposta a seus desejos compartilhando o bom e belo com os demais.

A maior parte da vida de cada um de nós é passada em nossa casa, com a família. Infelizmente, o lar, que deveria ser um refúgio de amor, felicidade e segurança, com frequência transforma-se em local de antagonismo, onde não se desfruta de um relacionamento feliz e harmonioso. Podem surgir problemas por muitos motivos.

As pessoas tendem a presumir que todo mundo gosta do que elas gostam e pensa o que elas pensam.

Tendem a julgar as reações dos outros pelas próprias reações. Muitas pessoas têm problemas de relacionamento porque não conseguem perceber que a personalidade dos outros é diferente da sua. É um erro não perceber que o tempo muda as pessoas e não ajustar a atitude mental para compensar as próprias mudanças e das outras pessoas.

Para ser feliz, seja compreensivo com os demais. Perceba que o nível de energia e as capacidades de outra pessoa podem não ser os mesmos que os seus. Ela pode não pensar como você. Tente entender que o que ela gosta pode não ser o que você gosta.

Muitas vezes pessoas de natureza oposta são atraídas uma pela outra e se complementam, fortalecem e inspiram uma à outra. Elas misturam as personalidades, e, com isso, seus extremos são neutralizados.

Você se sentiria feliz e inspirado se fosse casado com uma pessoa cuja personalidade fosse exatamente como a sua? Seja sincero. Provavelmente não.

Independentemente de quem seja, você é uma pessoa maravilhosa! No entanto, certos indivíduos podem não pensar assim. Se você sente que reagem de modo desfavorável, com antagonismo injustificado ao que você diz e faz, é possível fazer algo a respeito.

Reações indesejáveis por parte de outros podem ser motivadas pelo que e como você diz. A voz muitas vezes é um reflexo do humor, da atitude e dos pensamentos ocultos da mente. Pode ser tão difícil perceber que a culpa recai sobre você quanto tomar a iniciativa de se corrigir, mas você pode fazê-lo. Se você se esforçar para deixar as pessoas felizes com a mesma Atitude Mental Positiva que um vendedor usa para conquistar clientes potenciais, sua vida doméstica e social se tornará mais feliz e bem-sucedida.

Se seus sentimentos costumam ser feridos por causa do que as pessoas dizem ou como dizem, é bastante provável que você seja frequentemente culpado de ofender os outros pelo que ou como diz. Tente determinar os verdadeiros motivos para suas reações de sentimentos feridos e evite causar as mesmas reações nos outros.

Se você se ofende com fofoca, pode presumir que não deveria fofocar, ou vai ofender os outros. Se considera censurável o tom de voz e a atitude de alguém em relação a você, evite ofender os outros falando ou agindo da mesma maneira. Se não fica feliz quando alguém grita com você, presuma que é repelente para outrem você gritar com ele – mesmo que seja seu filho de 5 anos ou um parente muito próximo. Se você se sente ofendido porque outra pessoa entende sua intenção de forma equivocada, mostre confiança.

Se você não considera algo agradável discussões, sarcasmo, humor com cutucadas pessoais, críticas a suas ideias, seus amigos e parentes, é lógico presumir que os outros tampouco considerem. Se você gosta de ser elogiado e fica feliz em saber que alguém pensa em você, pode presumir que os outros vão ficar felizes se você os elogiar ou mandar uma mensagem para que saibam que está pensando neles. Aliás, com uma mensagem por escrito todo indivíduo pode expressar pensamentos que talvez nunca manifestasse falando.

PILOTO Nº 18

PENSAMENTOS PELOS QUAIS SE GUIAR

- Abraham Lincoln disse: "As pessoas são tão felizes quanto decidem ser". Você está decidido a ser feliz?
- Uma das maneiras mais seguras de ser feliz é se dedicar a fazer outrem feliz.
- Se você procurar a felicidade, vai verificar que ela é evasiva. Mas, se tentar levá-la a alguém, a felicidade retornará para você multiplicada muitas vezes.
- Se você compartilhar a felicidade e tudo que é bom e desejável, vai atrair a felicidade e tudo que é bom e desejável.

- Se você compartilhar miséria e infelicidade, atrairá a miséria e infelicidade para si.
- A felicidade começa em casa. Motive seus familiares a serem felizes como um bom vendedor motiva seus clientes a comprar.
- Seja sensível às suas reações e às reações dos outros.

CAPÍTULO 19

LIVRE-SE DESSE SENTIMENTO DE CULPA

Sentimento de culpa é bom. E toda pessoa neste mundo às vezes vai experimentá-lo. Esse sentimento é o resultado de uma voz mansa e delicada falando com você – a voz da sua consciência.

Muitos sentimentos de culpa são herdados. E outros são adquiridos. Sabemos que é comum haver um conflito mental quando emoções e paixões são refreadas pela sociedade em que se vive. Sabemos também que pessoas de um ambiente podem ter código de ética totalmente diferente do de pessoas de outro local. Entretanto, sempre que o indivíduo viola o padrão ético aprendido, desenvolve sentimento de culpa.

Reiteramos: sentimento de culpa é bom, pois motiva ao pensamento e à ação dignos. Agora, quando o indivíduo não se livra do sentimento de culpa com AMP, os resultados muitas vezes são os mais nocivos.

O grande psicólogo Sigmund Freud disse: "Quanto mais o nosso trabalho avança e mais fundo penetra o nosso conhecimento na vida mental de neuróticos, mais claramente dois novos fatores se fazem notar e exigem nossa atenção mais minuciosa como fontes de resistência. Ambos podem ser incluídos sob a descrição única de 'necessidade de estar doente' ou 'necessidade de sofrer'. (...) O primeiro desses dois fatores é a sensação de culpa ou consciência de culpa".

A mente consciente pode não se sentir culpada, mas a subconsciente, sim. O subconsciente satisfaz a necessidade do indivíduo que não se livra do sentimento de culpa com AMP; isso o deixa doente e faz sofrer.

Sentimentos de culpa podem surgir de muitas causas, mas há uma fórmula para se livrar deles. É assim:

- Primeiro você ouve conselhos, uma palestra ou sermão inspirador.
- A seguir, conta suas bênçãos e agradece por elas. Lamenta com sinceridade e pede perdão.
- Então dá o primeiro passo: comprometе-se a mudar de vida.
- O segundo passo é começar a corrigir cada má ação imediatamente, fazer reparações.
- E então o passo mais importante: aplicar a Regra de Ouro. Você toma a decisão de fazer aos outros o que gostaria que fizessem a você.

Atitude Mental Positiva o conclama a usar os poderes de seu consciente e subconsciente para:

- Procurar a verdade;
- Motivar-se a adotar medidas construtivas;

- Esforçar-se pelos mais altos ideais que possa conceber, condizentes com a saúde física e mental;
- Viver de forma inteligente na sociedade;
- Abster-se do que causará dano desnecessário;
- Começar de onde está e chegar aonde quer, não importando quem você seja ou o que tenha sido.

Qualquer coisa que o impeça de nobres conquistas deve ser deixada de lado. Isso coloca sobre você o ônus de saber ou descobrir o que é certo ou errado e o que é bom ou mau sob determinada circunstância e em determinado momento. Você está familiarizado com a Regra de Ouro e outros padrões do bem na sociedade em que vive. Portanto, cabe a você determinar as normas que irão guiá-lo para seus objetivos desejados.

Uma forma de adquirir caráter é frequentar um ambiente que desenvolva pensamentos, motivações e hábitos desejáveis. Se o ambiente selecionado não se mostrar eficaz após um tempo razoável, busque outro.

Às vezes não é fácil escolher o certo. A questão pode envolver um conflito de virtudes. Toda pessoa em algum momento deve escolher entre o que deseja fazer e o que deveria fazer, ou entre o que quer e o que a sociedade espera dela. Por exemplo, o amor e o dever de pai/mãe em conflito com o amor e dever de marido/esposa, a lealdade a um indivíduo em conflito com a lealdade a outro indivíduo ou a lealdade a um indivíduo em conflito com a lealdade a uma organização ou sociedade.

Qual será a sua decisão quando encarar um conflito de virtudes? Faça o que sua consciência disser que não desenvolverá um sentimento de culpa.

PILOTO Nº 19

PENSAMENTOS PELOS QUAIS SE GUIAR

- Sentimento de culpa é bom. Mas livre-se dele.
- Para se livrar da culpa, faça reparações.

- A fórmula recomendada para se livrar da culpa é:
  - Escutar conselhos, uma palestra, sermão, etc. e relacionar e assimilar os princípios.
  - Contar as bênçãos e agradecer a Deus por elas.
  - Lamentar de verdade pelas más ações. Tristeza verdadeira necessariamente incorpora a decisão sincera de cessar o delito.
  - Reconhecer a culpa e manifestar a intenção de fazer reparações.
  - Fazer reparações na medida de suas capacidades.
  - Aplicar a Regra de Ouro.
- Qualquer coisa que o impeça de nobres realizações na vida deve ser deixada de lado.
- Caráter pode ser adquirido e aprendido.
- O que você faz quando há um conflito de virtudes?
- Cabe a você descobrir o que é certo e bom sob determinada circunstância e em dado momento.

CAPÍTULO 20

É HORA DE TESTAR SEU QUOCIENTE DE SUCESSO

Os autores prepararam um questionário chamado Análise do Quociente de Sucesso. Baseia-se nos dezessete princípios do sucesso e tem muitas finalidades:

- Direcionar pensamentos para canais desejados;
- Cristalizar o próprio pensamento;
- Indicar a posição atual na estrada para o sucesso;
- Incentivá-lo a decidir onde você quer estar;
- Medir suas chances de atingir o destino desejado;

- Indicar suas atuais ambições e outras características;
- Motivá-lo à ação desejável com AMP.

Sugerimos que você tente responder o questionário imediatamente de forma cuidadosa e sincera. Não tente se enganar. O teste só será válido se você responder todas as perguntas com a verdade, como você a vê agora.

ANÁLISE DO QUOCIENTE DE SUCESSO

1. Objetivo definido	SIM	NÃO
a. Você já se decidiu a respeito de uma meta definida principal na vida?		
b. Você definiu um limite de tempo para chegar a essa meta?		
c. Você tem planos específicos para alcançar sua meta de vida?		
d. Você já determinou quais benefícios sua meta de vida trará?		

2. Atitude Mental Positiva	SIM	NÃO

a. Você sabe o que se entende por Atitude Mental Positiva?		
b. Você controla sua atitude mental?		
c. Você sabe qual a única coisa sobre a qual qualquer pessoa tem total poder de controle?		
d. Você sabe detectar uma Atitude Mental Negativa em si e nos outros?		
e. Você sabe fazer de AMP um hábito?		

3. Fazer um "esforço extra"	SIM	NÃO
a. Você tem por hábito fornecer um serviço maior e melhor do que é pago para fazer?		
b. Você sabe quando um empregado está habilitado a ganhar mais?		
c. Você conhece alguém que chegou ao sucesso sem fazer mais do que foi pago para fazer?		
d. Você acredita que se tenha o direito de esperar aumento de salário sem fazer mais do que é pago para fazer?		

	SIM	NÃO
e. Se você fosse seu patrão, estaria satisfeito com o tipo de serviço que está produzindo agora?		

4. Pensamento exato	SIM	NÃO
a. Você tem como um dever aprender mais sobre a sua ocupação constantemente?		
b. Você tem por hábito expressar opiniões sobre temas com os quais não está familiarizado?		
c. Você sabe como encontrar os fatos quando precisa de conhecimento?		

5. Autodisciplina	SIM	NÃO
a. Você controla sua língua quando está zangado?		
b. Você tem por hábito falar antes de pensar?		
c. Você perde a paciência facilmente?		
d. Você é geralmente calmo?		
e. Você tem por hábito permitir que emoções se imponham à razão?		

6. MasterMind	SIM	NÃO
a. Você está influenciando outras pessoas para que o ajudem a alcançar seu objetivo de vida?		
b. Você acredita que uma pessoa pode ter sucesso na vida sem a ajuda dos outros?		
c. Você acredita que um homem pode ter sucesso facilmente em sua ocupação se enfrenta oposição da esposa ou de outros membros da família?		
d. Existem vantagens quando empregador e empregado trabalham juntos em harmonia?		
e. Você fica orgulhoso quando um grupo ao qual pertence é elogiado?		

7. Fé aplicada	SIM	NÃO
a. Você tem fé na inteligência infinita?		
b. Você é uma pessoa íntegra?		
c. Você tem confiança em sua capacidade de fazer o que decide fazer?		

d. Você está razoavelmente livre dos sete medos básicos? (Medo da pobreza, de críticas, de problemas de saúde, de perda do amor, de perda da liberdade, da velhice e da morte.)		

8. Personalidade agradável	SIM	NÃO
a. Seus hábitos são ofensivos aos outros?		
b. Você tem por hábito aplicar a Regra de Ouro?		
c. Você é estimado por aqueles com quem trabalha?		
d. Você aborrece os outros?		

9. Iniciativa pessoal	SIM	NÃO
a. Você planeja seu trabalho?		
b. O seu trabalho deve ser planejado para você?		
c. Você tem qualidades excepcionais que outros em sua área de trabalho não têm?		
d. Você tem por hábito procrastinar?		

e. Você tem por hábito tentar criar planos melhores para fazer seu trabalho de forma mais eficiente?		

10. Entusiasmo	SIM	NÃO
a. Você é uma pessoa entusiasmada?		
b. Você direciona seu entusiasmo para a realização de planos?		
c. O entusiasmo se impõe sobre o seu julgamento?		

11. Atenção controlada	SIM	NÃO
a. Você tem por hábito concentrar seus pensamentos no que está fazendo?		
b. Você é facilmente influenciado a mudar planos ou decisões?		
c. Você fica inclinado a abandonar suas metas e planos quando encontra oposição?		
d. Você continua trabalhando independentemente de distrações inevitáveis?		

12. Trabalho em equipe	SIM	NÃO
a. Você convive harmoniosamente com os outros?		
b. Você concede favores tão livremente quanto pede?		
c. Você tem desentendimentos frequentes?		
d. Existem grandes vantagens na cooperação amistosa entre colegas de trabalho?		
e. Você está ciente dos danos que alguém pode causar por não cooperar com os colegas de trabalho?		

13. Aprendizado com a derrota	SIM	NÃO
a. A derrota o faz parar de tentar?		
b. Se você falha em determinado esforço, continua tentando?		
c. Derrota temporária é a mesma coisa que fracasso?		
d. Você aprendeu alguma lição com a derrota?		

e. Você sabe como a derrota pode ser convertida em um ativo que levará ao sucesso?		

14. Visão criativa	SIM	NÃO
a. Você usa sua imaginação de forma construtiva?		
b. Você toma as próprias decisões?		
c. A pessoa que apenas segue instruções sempre vale mais do que quem também tem novas ideias?		
d. Você é inventivo?		
e. Você tem ideias práticas ligadas a seu trabalho?		
f. Quando desejável, você busca conselhos sólidos?		

15. Orçamento de tempo e dinheiro	SIM	NÃO
a. Você poupa uma percentagem fixa de renda?		
b. Você gasta dinheiro sem levar em conta uma futura fonte de renda?		
c. Você dorme o suficiente?		

d. Você tem por hábito empregar tempo livre para estudar livros de autoaperfeiçoamento?		

16. Manutenção da boa saúde	SIM	NÃO
a. Você conhece os cinco fatores essenciais da boa saúde?		
b. Você sabe onde começa a boa saúde?		
c. Você está ciente da relação entre relaxamento e boa saúde?		
d. Você conhece os quatro importantes fatores necessários para o equilíbrio correto da boa saúde?		
e. Você sabe o significado de "hipocondria" e "doença psicossomática"?		

17. Uso da força cósmica do hábito no que se refere aos hábitos pessoais	SIM	NÃO
a. Você tem hábitos que sente não conseguir controlar?		
b. Você recentemente eliminou hábitos indesejáveis?		

c. Você recentemente desenvolveu quaisquer novos hábitos desejáveis?		

COMO AVALIAR AS RESPOSTAS

- Essas questões devem ser respondidas com NÃO:
  3c – 3d – 4b – 5b – 5c – 5e – 6b
  6c – 8a – 8d – 9b – 9d – 10c – 11b
  11c – 12c – 13a – 13 c – 14 c – 15b – 17a
- Todas as outras questões devem ser respondidas com SIM.
- A pontuação perfeita é 300, e pouca gente a faz. Vamos ver qual foi a sua.

Número de respostas SIM em vez de NÃO:

_____ x 4 = _____

Número de respostas NÃO em vez de SIM:

_____ x 4 = _____

Some os subtotais e subtraia de 300.

Exemplo

Respostas "Sim" em vez de "Não":

3 x 4 =12

Respostas "Não" em vez de "Sim":

2 x 4 = 8

Número total de respostas erradas:

12 + 8 = 20

Pontuação:

300 - 20 = 280

Classificação

- 300 pontos: Perfeito (muito raro)
- 299 a 275 pontos: Bom (acima da média)
- 274 a 200 pontos: Razoável (média)
- 199 a 100 pontos: Fraco (abaixo da média)
- Abaixo de 100 pontos: Insatisfatório

O importante a lembrar é que esses resultados não são finais e inalteráveis. Se fez uma pontuação alta, significa que será capaz de assimilar e praticar os princípios deste livro muito rapidamente. Se a sua pontuação não foi tão alta, não se desespere. Aplique AMP. Você *pode* alcançar grande sucesso na vida.

Leia *Atitude Mental Positiva* mais uma vez de capa a capa. E uma outra vez. E outra vez ainda. Leia em voz alta com seu marido, esposa ou um amigo íntimo, discuta ponto por ponto. Leia até que cada princípio se torne parte da sua vida, motivando suas ações.

Então, quando tiver aplicado esses princípios sinceramente por três meses, faça o teste de QS de novo. Não só muitas respostas erradas vão se tornar certas, mas também respostas que você deu corretamente na primeira vez serão mais enfáticas e confiantes.

Todavia, seu Quociente de Sucesso pode ser mais que um parâmetro. Pode servir para realçar as áreas que você precisa trabalhar mais arduamente para o autoaperfeiçoamento. Também revelará seus pontos fortes especiais.

PILOTO Nº 20

PENSAMENTOS PELOS QUAIS SE GUIAR

- Reveja a Análise do Quociente de Sucesso com frequência, até poder afirmar com sinceridade para si mesmo: "Agora consigo dar a resposta certa para cada questão". Cada uma das questões vai direcionar sua mente para um canal específico, por meio do qual é possível determinar facilmente o que você pode e deve fazer.
- Existe valor em resolver problemas ou desenvolver hábitos desejáveis fazendo as perguntas certas a si mesmo. Anote-as por escrito e então, no tempo dedicado ao pensamento, empenhe-se em encontrar as soluções adequadas para obter os resultados desejados.

CAPÍTULO 21

ACORDE O GIGANTE ADORMECIDO DENTRO DE VOCÊ

Você é a pessoa mais importante do mundo. Nunca houve ninguém exatamente igual a você e em todo o tempo por vir nunca haverá.

Você é o produto da sua hereditariedade, meio ambiente, corpo físico, mente consciente e subconsciente, experiência, posição e direção no tempo e espaço. E algo mais, incluindo poderes conhecidos e desconhecidos. Você tem o poder de relacionar, usar, controlar ou harmonizar todos esses poderes.

Você é uma mente com um corpo.

Sua mente consiste em poderes gigantescos duais invisíveis: o consciente e o subconsciente. Quando os dois gigantes trabalham em harmonia, podem relacionar, usar, controlar ou harmonizar todos os poderes conhecidos e desconhecidos.

"O que queres tu? Estou pronto a obedecer-te como teu escravo – eu e os outros escravos da lâmpada", disse o gênio. O gigante dentro de você é mais poderoso do que todos os gênios da lâmpada de Aladim. Gênios são fictícios. Seu gigante adormecido é real!

O que você quer? Amor? Saúde? Sucesso? Amigos? Dinheiro? Uma casa? Um carro? Reconhecimento? Paz mental? Coragem? Felicidade? Ou você faria de seu mundo um lugar melhor para se viver? O gigante adormecido dentro de você tem o poder de tornar seus desejos realidade.

Acorde o gigante adormecido dentro de você! Como? Pense. Pense com Atitude Mental Positiva.

O gigante adormecido, como o gênio, deve ser convocado com magia. Você detém essa magia. É seu talismã com os símbolos de AMP e AMN.

Chamamos os resumos no final dos capítulos de "pilotos". Isso porque você está em jornada através de águas turbulentas, muitas vezes desconhecidas, e precisará de muitas das habilidades do navegador.

À sua frente pode haver decepções, adversidades e perigos. São rochas e bancos de areia ocultos pelos quais você deve passar ao navegar no seu curso. Você pode selecionar a influência ambiental da luz de um farol ou o som de uma boia para seguir um curso que irá levá-lo em direção a seu destino sem acidentes graves.

Assim como uma agulha magnética fica em linha direta com os polos magnéticos norte e sul, quando sua bússola for compensada, você automaticamente reagirá em conformidade com o seu objetivo, o seu ideal mais elevado. E o ideal mais elevado do homem é a vontade de Deus.

PILOTO Nº 21

PENSAMENTOS PELOS QUAIS SE GUIAR

- O que você quer? Diga e pode ser seu – se aprender e empregar os princípios contidos neste livro que se aplicam a você.
- Pense com Atitude Mental Positiva. E aja.
- Compense sua bússola para evitar perigos.
- O ideal mais elevado do homem é a vontade de Deus.
- Acorde o gigante adormecido dentro de você!

CONHEÇA NOSSOS TÍTULOS EM PARCERIA COM A FUNDAÇÃO NAPOLEON HILL

MAIS ESPERTO QUE O DIABO

Napoleon Hill

Fascinante, provocativo e encorajador, *Mais esperto que o Diabo* mostra como criar a senda para o sucesso, a harmonia e a realização em meio a incertezas e medos.

ATITUDE MENTAL POSITIVA

Napoleon Hill

Sua mente é um talismã com as letras AMP de um lado e AMN do outro. AMP, a atitude mental positiva, atrairá sucesso e prosperidade. AMN, a atitude mental negativa, vai privá-lo de tudo que torna a vida digna de ser vivida. Seu sucesso, saúde, felicidade e riqueza dependem do lado do talismã que você usar.

QUEM PENSA ENRIQUECE – O LEGADO

Napoleon Hill

O clássico *best-seller* sobre o sucesso agora anotado e acrescido de exemplos modernos, comprovando que a filosofia da realização pessoal de Napoleon Hill permanece atual e ainda orienta aqueles que são bem-sucedidos. Um livro que vai mudar não só o que você pensa, mas também o modo como você pensa.

A ESCADA PARA O TRIUNFO

Napoleon Hill

Um excelente resumo dos dezessete pilares da Lei do Triunfo, elaborada pelo pioneiro da literatura de desenvolvimento pessoal. É um fertilizador de mentes, que fará com que a sua mente funcione como um ímã para ideias brilhantes.

A CIÊNCIA DO SUCESSO

Napoleon Hill

Uma série de artigos do homem que mais influenciou líderes e empreendedores no mundo. Ensinamentos sobre a natureza da prosperidade e como alcançá-la, no estilo envolvente do consagrado escritor motivacional.

MAIS QUE UM MILIONÁRIO

Don M. Green

Don M. Green, diretor executivo da Fundação Napoleon Hill, apresenta de forma simples e didática todos os ensinamentos da Lei do Sucesso que aplicou em sua vida.

O PODER DO MASTERMIND

Mitch Horowitz

Com este manual você vai aprender a construir o MasterMind, a mente mestra, um inconsciente coletivo de abundância. Precioso para iniciantes e, se você já tem algum grau de experiência com o MasterMind, uma excelente leitura de apoio e renovação, com técnicas que poderão ser testadas no seu grupo.

O MANUSCRITO ORIGINAL

Napoleon Hill

A obra-prima de Napoleon Hill, na qual ele apresenta em detalhes a Lei do Sucesso. Neste marco da literatura motivacional, Hill explica didaticamente como escolher o objetivo principal de vida e pensar e agir focado na realização de metas.

PENSE E ENRIQUEÇA PARA MULHERES

Sharon Lechter

A autora apresenta os ensinamentos de Napoleon Hill com relatos inspiradores de mulheres bem-sucedidas e suas iniciativas para superar obstáculos, agarrar oportunidades, definir e atingir metas, concretizar sonhos e preencher a vida com sucesso profissional e pessoal.

PENSO E ACONTECE

Greg S. Reid e Bob Proctor

Proctor e Reid exploram a importância vital da forma de pensar para uma vida de significado e sucesso. A partir de entrevistas com neurocientistas, cardiologistas, professores espirituais e líderes empresariais, explicam como pensar melhor para viver melhor.

QUEM CONVENCE ENRIQUECE

Napoleon Hill

Saiba como utilizar o poder da persuasão na busca da felicidade e da riqueza. Aprenda mais de 700 condicionadores mentais que vão estimular seus pensamentos criativos e colocá-lo na estrada da riqueza e da felicidade – nos negócios, no amor e em tudo que você faz.

COMO AUMENTAR O SEU PRÓPRIO SALÁRIO

Napoleon Hill

Registro de uma série de conversas entre Napoleon Hill e seu mentor, o magnata do aço Andrew Carnegie, um dos homens mais ricos da história. Em formato pergunta-resposta, apresenta em detalhes os princípios que Carnegie utilizou para construir seu império.

VOCÊ PODE REALIZAR SEUS PRÓPRIOS MILAGRES

Napoleon Hill

O autor revela o sistema de condicionamento mental que auxilia no domínio de circunstâncias indesejáveis, como dor física, tristeza, medo e desespero. Esse sistema também prepara o indivíduo para adquirir todas as coisas de que necessite ou deseje, tais como paz mental, autoentendimento, prosperidade financeira e harmonia em todas as relações.

THINK AND GROW RICH

Napoleon Hill

Um dos livros mais influentes da história, apresenta a fórmula para acumular fortuna e comprova que a receita do sucesso é atemporal. Uma produção brasileira para amantes da literatura norte-americana e para quem deseja aperfeiçoar seu inglês com conteúdo enriquecedor.